☆ 맛있다!
☆ 간편하다!

꿀키의 밥상

1판 2쇄 발행 2016년 6월 10일

지은이 | 이상희
펴낸이 | 김선숙, 이돈희
펴낸곳 | (주) 이밥차

주소 | 121-842 서울특별시 마포구 동교로19길 7 1~2층(서교동, 삭녕빌딩)
대표전화 | 02-717-5486~7 팩스 | 02-717-5427
이메일 | editor@andbooks.co.kr
홈페이지 | www.andbooks.co.kr
출판등록 | 2003.4.4 제 10-2621호

편집 책임 | 이정순
편집 차장 | 조윤희
편집 진행 | 이선미, 장유정, 윤미희
요리 어시스트 | 이밥차 요리연구소 김단비, 최문경
마케팅 | 남유진, 이교준, 정강석, 김성은
경영전략 | 박승연, 윤민지
교열 | 김혜정
푸드 스타일링 | 김진영
포토 디렉터 | 율스튜디오 박형주 (02-545-9908)
포토그래퍼 | 안가람, 조민정
디자인 | onmypaper 정해진

값 12,000원
ⓒ2016 이상희
ISBN 979-11-956240-0-3 13590

All rights reserved. First edition printed 2016.
· 이 책을 무단 복사, 복제, 전재하는 것은 저작권법에 저촉됩니다.
· 잘못 만들어진 책은 바꾸어 드립니다.
· 책 내용 중 궁금한 사항이 있으시면 그리고책(Tel 02-717-5486, 이메일 hunter@andbooks.co.kr)으로 문의해 주십시오.

꿀키의 밥상

DELICIOUS TABLE

지은이 꿀키 이상희

자취왕 꿀키의 생존 요리 129선

이밥차

이 책을 만들면서 처음 자취를 시작하던 때가 생각이 났습니다.
제가 처음 자취를 시작한 곳은 작은 원룸이었는데, 부엌이 따로
없는 곳이라 베란다 한쪽에 작은 버너를 두고 간단한 조리만
했었습니다.
자취 초반이라 대부분의 식사는 편의점과 배달요리로 해결했고,
그러다 보니 용돈 대부분이 식비로 나갔습니다.
어떻게 하면 식비를 아낄 수 있을까? 생각하다가 집에서 밥을
해먹으면 식비를 줄일 수 있을 것 같아 마트를 갔는데, 막상 가보니
무얼 사야 할지, 무얼 요리해야 할지 도통 모르겠더라고요.
그때 생각한 것이 두루두루 이용할 수 있는 기본 재료를 사는
것이었습니다.
옷으로 따지면 흰 셔츠와 같은 기본 아이템 양파, 버섯, 양배추
같은 채소를 구입했습니다.
냉장고에 기본 채소들이 있으니 메인 재료 하나만 사도 요리하기가
참 쉬워졌습니다.
그렇게 시작한 요리는 밋밋했던 제 일상의 작은 행복이 되었고,
이를 블로그에 올리며 많은 분의 공감을 얻었습니다.
그 간의 경험을 바탕으로 하나둘 저만의 레시피를 개발하게
되었으며, 이를 모아 책으로 만들게 되었습니다.

이번 책은 자취방 냉장고 한쪽에 쌓여 처치곤란했던 식재료부터 한 가지 재료로 두 가지 요리를 만드는 레시피로 구성해보았습니다.
제게 '자취하면서 이런 요리를 해?', '부지런하시네요.'라는 말을 참 많이 하시더라고요.
전 결코 부지런한 사람이 아닙니다.
단순히 요리하는 게 즐겁고, 제가 만든 요리를 친구들과 함께 먹는 것에 행복함을 느낄 뿐입니다.
이 책을 보시는 분들도 제가 느꼈던 그 행복함을 함께 느꼈으면 좋겠습니다.
끝으로 이 책이 나올 수 있게 도움을 주신 분들께 감사의 말씀을 전하고 싶습니다.
텃밭에서 직접 키운 채소를 공수해주신 부모님, 캐릭터 그려준 정하, 뒷정리 도와준 상덕, 매주 새로운 맛집을 찾아 떠나는 먹먹모임.
앞으로도 열심히 요리하고, 열심히 먹겠습니다. 감사합니다.

이상희.

CONTENTS

PROLOGUE · 004

꿀키가 알려주는 요리 꿀팁

양념 고르기! · 012
알아두면 편한 요리의 잡기술 · 013
자취방의 요리 살림법 · 015
식재료 보관법 · 016
계량하기 · 018

재료탐닉

감자

쫀득감자전 · 024
감자채전 · 025
감자버터구이 · 026
감자튀김 · 027
감자볶음 · 028
통감자구이 · 029
감자오믈렛 · 030
고기감자조림 · 031
감자달걀샐러드 · 032

고구마

고구마크로켓 · 036
고구마맛탕 · 037
고구마칩 · 038
고구마라테 · 039

김치

김치볶음밥 · 042
김치무침 · 043
김치찌개 · 044
두부김치 · 045

달걀

달걀말이(일식_사각 팬) · 048
달걀말이(한식_원형 팬) · 049
에그베네딕트 · 050
– 홀랜다이즈 소스
– 수란
달걀찜 · 052
달걀국 · 053
달걀베이컨크레이프 · 054
달걀빵 · 055

닭가슴살

닭가슴살카레 · 058
닭개장 · 059
닭가슴살스테이크 · 060
닭가슴살덮밥 · 061
닭가슴살냉채 · 062
닭가슴살샌드위치 · 063

두부

마파두부 · 066
튀김두부 · 067
연두부샐러드 · 068
두부강된장 · 069
순두부그라탱 · 070
순두부찌개 · 071

떡

가래떡당고 · 074
인절미샌드위치 · 076
간장떡볶이 · 077

라면

냉라면(비빔면) · 080
부대라면 · 081
라볶이 · 082
파라면(나가사키) · 083

만두

날개달린군만두 · 086
만둣국 · 088
만두탕수 · 089

면

잔치국수 · 092
카르보나라 · 093
쫄면 · 094
볶음 우동 · 095

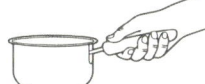

식빵

달걀햄샌드위치 · 98
그릴샌드위치 · 99
바나나땅콩버터오픈샌드위치 · 100
식빵푸딩 · 101
구운식빵&스크램블 · 102

참치

참치샌드위치 · 106
참치샐러드(큐브참치) · 107
참치비빔밥 · 108
참치죽 · 109

토마토

토마토마리네이드 · 112
토마토주스 · 113
토마토부르스케타 · 114
토마토두부카프레제 · 115

일타 · 이피

치즈밥 + 김치치즈알밥 · 118
주먹밥 + 밥버거 · 122
콩나물국 + 콩나물비빔밥 · 126
메밀비빔국수 + 냉모밀 · 130
돼지고기덮밥 + 돼지고기냉샐러드 · 134

무깍두기 + 어묵뭇국 · 138
오징어덮밥 + 오징어국 · 142
시래기된장국 + 시래기솥밥 · 146
리코타치즈카나페 + 리코타치즈오픈샌드위치 · 150
연어덮밥 + 연어스테이크 · 154

팬스테이크비빔밥 + 찹스테이크 · 158
베이컨달걀컵 + 미니양배추베이컨볶음 · 162
미트볼스파게티 + 미트볼핫도그 · 166
해물토마토빠에야 + 바지락수제비 · 170
양파컵수프 + 양파초절임 · 174

옥수수수프 + 식빵크루통 + 콘치즈 · 178
구운채소샌드위치 + 구운채소라자냐 · 182
사과절임토스트 + 사과주스&그린스무디 · 186
미역냉국 + 미역무침 + 미역국 · 190
굴소스볶음밥 + 어묵굴소스볶음 · 194

통양배추고기찜 + 양배추생채 · 198
연근조림 + 연근치즈구이 + 연근칩 · 202
주키니피자 + 주키니사과리본샐러드 · 206
토마토버섯카레 + 카레우동 · 210
차슈덮밥 + 차슈라면 · 214

일품요리

순댓국 · 220
비비큐폭립 · 222
시카고피자 · 224
매운닭갈비 · 226
프라이드치킨 · 228

오븐치킨 · 230
팥빙수 · 232
오레오생크림컵케이크 · 234
노오븐케이크 · 236
오렌지젤리 · 238

맥앤치즈 · 240
누텔라밀크셰이크 · 242
마약옥수수 · 244

DELICIOUS TABLE

꿀키가 알려주는
요리 꿀팁

Special tip

자취를 시작하면 이것도 하고, 저것도 해야지 하며
상상의 나래를 펼치지만,
막상 시작하게 되니 생각보다 쉽지 않죠?
간장은 뭘 사야 할지, 식재료는 어디에 보관해야 할지,
탄 냄비는 어떻게 해야할지,
몰라도 되는 아주 사소한 팁이지만,
처음 자취를 시작하여 어리둥절하실 분들에게
몇 가지 꿀키의 꿀팁을 알려드릴게요.

꿀키가 알려주는 요리 꿀팁 1
양념 고르기!

마트에 가면 너무 많은 종류의 소금이 있어요.
뭐가 뭔지 모르겠고, 종류별로 구입하자니,
자취생의 지갑은 한없이 얇기만 해요.
요리 초보자들, 최소한의 양념이 필요하다면 이것만 선택하세요!

자취생, 이것만 있어도 충분하다!

소금 하나만 딱 구입한다면 꽃소금으로!

요리는 짠맛, 단맛, 감칠맛 이 3가지가 조화를 이룰 때 비로소 맛을 느끼게 됩니다. 이 중에서 가장 중요한 역할을 하는 것은 바로 짠맛인데요. 짠맛을 담당하는 대표적인 조미료, 소금에도 종류가 많죠? 천일염, 굵은 소금, 꽃소금, 맛소금 중에서 처음 소금을 산다면 꽃소금을 추천합니다. 간혹 달걀 프라이 등을 할 때 입자가 작은 소금을 필요한데요. 그럴 땐 소금을 마른 팬에 볶은 후 빻아서 사용해보세요.

단맛! 설탕이면 충분!

백설탕, 흑설탕, 물엿, 올리고당, 꿀, 시럽 등 단맛을 나타내는 조미료는 참 많아요. 볶음 요리를 할 때에는 물엿, 올리고당을 사용하면 윤기가 흘러 음식이 더욱 먹음직스럽지만 설탕만 사용해도 충분합니다.

수많은 간장, 뭐가 뭔지 모르겠다면 양조간장으로~

간장은 짠맛과 감칠맛 2가지 요소를 충족시키는 소스예요. 마트에 가면 국간장, 양조간장, 진간장 등의 다양한 간장이 있는데요. 국간장은 염도가 높아 주로 국물요리, 나물 등에 주로 사용합니다. 양조간장은 자연숙성 과정을 거쳐 만들어 열을 가하지 않는 소스나 무침 등에 주로 사용하며, 진간장은 양조간장에 산분해간장을 혼합하여 만든 혼합간장으로 특유의 감칠맛과 단맛이 잇어 열을 가하는 요리에 사용하기 좋습니다.

참기름과 들기름! 취향껏 골라라!

참기름, 들기름은 요리에 따라 쓰임새가 다르며, 보관방법도 달라요. 참기름은 참깨를 짜내어 만든 것으로 실온보관하며, 요리 마지막에 조금씩 넣어 맛을 더합니다. 들기름은 들깨를 짜내어 만든 것으로 냉장보관하며, 맛이 좋아 나물, 전 같은 열을 가하는 음식에 주로 사용합니다. 둘 다 사용하기에 부담스럽다면, 참기름만 사용해도 충분합니다.

꿀키가 알려주는 요리 꿀팁 2

알아두면 편한 요리의 잡기술

몰라도 되지만 알면 요리 고수 같은 기분을 느낄 수 있는 요리의 잡기술! 알면 더 맛있고 더 간편해요. 요리의 '요'자도 모르는 친구들이 있다면 넌지시 알려주세요. "내가 자취밥 해먹은지 몇 년인데~" 내공을 뽐내는 멘트도 잊지 마세요.

몰라도 된다! 하지만 알면 편하다.

통조림햄 쉽게 꺼내기

통조림 햄은 실온에 보관하며, 만약 냉장고에 보관했었다면 오픈하기 전 따뜻한 물에 담가 햄 주변에 묻은 기름기를 충분히 녹여주세요. 굳어 있던 기름을 녹이면 쉽게 꺼낼 수 있습니다.

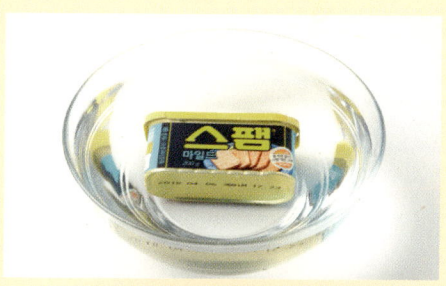

반숙 달걀프라이 하기

코팅된 팬을 중간 불로 달군 후, 식용유를 둘러줍니다. 식용유가 많으면 달걀 가장자리가 튀겨질 수 있으니 조금만 둘러주세요. 달걀을 넣기 전 불을 약한 불로 줄이고, 달걀을 넣은 후 흰자부분만 익히면 반숙 달걀프라이가 됩니다.

맛있는 반숙 달걀 삶기

냄비에 찬물을 담고 식초, 소금, 달걀을 넣어 삶아줍니다. 끓는 물에 차가운 달걀을 넣으면 깨질 수 있으니 찬물에 넣고 끓여주세요.

7분 - 흰자만 익은 상태
8분 - 흰자는 다 익고, 노른자가 익어가는 상태
12분 - 흰자와 노른자 모두 익은 상태

전자레인지로 가지 & 양배추 찌기

전자레인지용 그릇에 물 ½컵과 가지, 또는 양배추 등을 넣고 랩을 씌운 후 5분간 전자레인지에 돌리면 요리하기 딱 좋은 상태로 잘 익어요.

눅눅한 과자 바삭하게 만들기

눅눅한 과자가 있다면 전자레인지에 40초 정도 돌려주세요. 다시 바삭한 과자가 된답니다.
과자 비닐은 녹을 수 있으니 전자레인지 전용그릇에 담아 돌려요.

칼질하기

한쪽 손은 칼을 반듯이 잡고, 반대쪽 손은 손가락 마디를 접어 식재료 위에 올려주세요. 칼을 움직일 때마다 반대쪽 손도 함께 움직이면 편리해요.

채소 썰기

어슷 썰기
오이, 가지 등의 긴 채소들은 사선으로 썰어요. 양념이 더욱 잘 베어 들어요.

송송 썰기
둥근 단면이 보이도록 썰어요. 고명으로 올리는 쪽파 등을 썰 때 자주 사용해요.

채 썰기
얇게 썬 재료를 다시 길쭉하고 얇은 모양으로 썰어요. 생채요리에 자주 사용해요.

깍둑 썰기
주사위 모양으로 썰어요. 깍두기 만들 때 자주 사용해요.

다지기
채 썬 후, 다시 한 번 송송 썰어 입자를 작게 만들어요.

꿀키가 알려주는 요리 꿀팁 3

자취방의 요리 살림법

요리를 해 먹는 것은 쉽지만 치우는 것은 쉽지 않아요. 튀김요리를 신나게 해 먹고 치울 때 기름을 어떻게 해야 할지 난감할 때가 있죠? 그렇다면 꿀키의 꿀팁을 주목해 보세요.

탄 냄비 닦기

요리하다 보면 냄비 태우는 일이 많죠? 탄 냄비에 물을 넉넉히 붓고 소다 2스푼을 넣어 바글바글 끓인 후, 수세미를 이용하여 닦아주세요. 깨끗하게 닦일 거예요.

음식물 쓰레기 줄이기

음식물 쓰레기 중 많은 양을 차지하는 것이 과일 껍질입니다. 수박, 참외 등의 과일 껍질은 실외에 2~3일 말리면 부피가 줄어들어 버리기 훨씬 편리해요.

사용한 기름 버리기

한 번 사용한 기름은 완전히 식힌 후 체에 걸러 불순물을 제거하고 밀봉하면 2~3회 더 사용 가능해요. 더 이상 사용하지 못할 정도로 더러워진 기름은 신문지나 키친타월로 빨아들인 후 일반쓰레기로 버려주세요.

버려야 할 폐유의 양이 많다면 인터넷에서 쉽게 구할 수 있는 기름응고제를 이용해보세요. 식지 않은 식용유에 기름응고제를 넣어 식히면 단단하게 굳어 버리기 편리합니다.

꿀키가 알려주는 요리 꿀팁 4
식재료 보관법

혼자 요리해 먹다 보니, 재료는 필연적으로 남게 되요. 하지만 보관을 엉뚱하게 하면 나중에 사용하지 못하고 버리게 되므로 잘 보관하는 것이 곧 돈 버는 길이에요.

남는 식재료들, 보관만 잘해도 돈 번다!

파
뿌리와 껍질부분을 다듬어 커다란 반찬통에 키친타월을 깔고 그 위에 대파를 넣어 보관합니다. 씻어서 보관하면 물기 있는 부분이 물러질 수 있으니 먼지만 털어내고 보관하는 것이 좋아요.

감자, 고구마
종이가방이나 신문지로 싸서 빛이 들지 않는 서늘한 곳에 두어 보관합니다.

양파
양파는 통풍이 잘되고, 햇빛이 들지 않는 곳에 매달아 보관해주세요.

쌀
다 사용한 생수통을 깨끗이 씻어 바싹 말린 후, 쌀을 넣어 냉장 보관하면 벌레가 꼬이지 않아요.

자투리 채소

바로 사용할 채소는 밀폐용기에 담아 보관하고, 남은 자투리 채소는 볶음밥용 채소 크기로 잘게 다진 후 냉동 보관하여 그때그때 해동하여 사용하면 더욱 편리해요.

바나나

남은 바나나가 있다면 껍질을 모두 벗긴 후, 알루미늄포일로 하나씩 감싸 냉동보관 해요. 냉동된 바나나는 하나씩 꺼내 호일을 벗겨 아이스크림처럼 먹거나, 스무디로 만들어도 좋아요. 냉동 바나나와 땅콩버터를 믹서기에 넣고 갈면 땅콩 바나나 아이스크림도 손쉽게 만들 수 있어요.

대형 치즈

대형 치즈는 슬라이스하여, 치즈 사이사이에 종이포일을 끼워 냉동보관 해요. 종이포일을 있으면 나중에 한 장씩 떼기 편해요.

꿀키가 알려주는 요리 꿀팁 5

계량하기

정확한 계량이 맛에 시작이지만 자취 살림에 요리 초보 주방이라면 계량컵, 계량스푼이 있을리 만무하죠.
그래서 꿀키의 레시피는 종이컵, 밥숟가락으로 표기했어요.
집 안에 있는 밥숟가락, 종이컵으로 레시피를 맛있게 따라 해 보세요.

종이컵으로 분량 재기

육수 (1컵=180㎖)
종이컵에 가득 담아요.

육수 (½컵=90㎖)
종이컵의 절반만 담아요.

밀가루 (1컵=100g)
종이컵에 가득 담아 윗면을 깎아요.

마른새우 (1컵)
종이컵에 가득 담아요.

아몬드 (½컵)
종이컵의 절반만 담아요.

멸치 (1컵)
종이컵에 가득 담아요.

밥숟가락으로 쉽게 계량하기

가루 분량 재기

설탕(1)
숟가락으로 수북이 떠서 위로 볼록하게 올라오도록 담아요.

설탕(0.5)
숟가락의 절반 정도만 볼록하게 담아요.

설탕(0.3)
숟가락의 ⅓ 정도만 볼록하게 담아요.

다진 재료 분량 재기

다진 마늘(1)
숟가락으로 수북이 떠서 꼭꼭 담아요.

다진 마늘(0.5)
숟가락의 절반 정도만 꼭꼭 담아요.

다진 마늘(0.3)
숟가락의 ⅓ 정도만 꼭꼭 담아요.

장류 분량 재기

고추장(1)
숟가락으로 가득 떠서 위로 볼록하게 올라오도록 담아요.

고추장(0.5)
숟가락의 절반 정도만 볼록하게 담아요.

고추장(0.3)
숟가락의 $\frac{1}{3}$ 정도만 볼록하게 담아요.

액체 양념 분량 재기

간장(1)
숟가락 한가득 찰랑거리게 담아요.

간장(0.5)
숟가락의 가장자리가 보이도록 절반 정도만 담아요.

간장(0.3)
숟가락의 $\frac{1}{3}$ 정도만 담아요.

눈대중으로 분량 재기

애호박 ($\frac{1}{2}$개=100g)
양파 ($\frac{1}{2}$개=50g)
무 (1토막=150g)
당근 ($\frac{1}{2}$개=100g)

대파 흰 부분 (1대=10cm)
마늘 (1쪽=5g)
생강 (1쪽=7g)
돼지고기 (1토막=200g)

손으로 분량 재기

콩나물(1줌)
손으로 자연스럽게 한가득 쥐어요.

시금치(1줌)
손으로 자연스럽게 한가득 쥐어요.

국수 (1줌=1인분)
500원 동전 굵기로 가볍게 쥐어요.

그 외 알아두기

약간 소금이나 후춧가루 등을 약간 넣었다면 엄지와 검지로 살짝 집은 정도를 말해요.

필수 재료 필수 재료는 음식을 만들기 위해서 꼭 필요한 재료를 말해요.

선택 재료 선택 재료는 있으면 좋지만 기본적인 맛을 내는 데는 크게 영향을 끼치지 않는 재료를 말해요. 다른 비슷한 재료로 바꾸거나 생략이 가능해요.

양념 다진 마늘, 간장, 고추장, 식초, 설탕 등 요리의 맛을 내기 위해서 쓰이는 재료를 말해요.

'+'표시의 의미

양념장, 소스, 드레싱
음식을 만들기 전에 미리 섞어 놓으면 좋은 양념이에요. 미리 섞어두면 숙성되면서 맛이 어우러져 더 깊은 맛을 내거든요. 재료에 +로 표시되어 있다면 미리 섞어두세요.

자취방 냉장고 한쪽에 쌓여 있는 달걀 한 판,
부모님이 보내주신 감자 한 상자, 냉장고에서 쉬어버린 김치 한 통.
어떻게 해야 할지 막막하셨죠?
아니면 계속 같은 요리만 하기 지겨우셨나요?
자취방에서 흔히 볼 수 있는 처치 곤란 13가지 재료를 선정하여
다양한 레시피를 구성해 보았습니다.

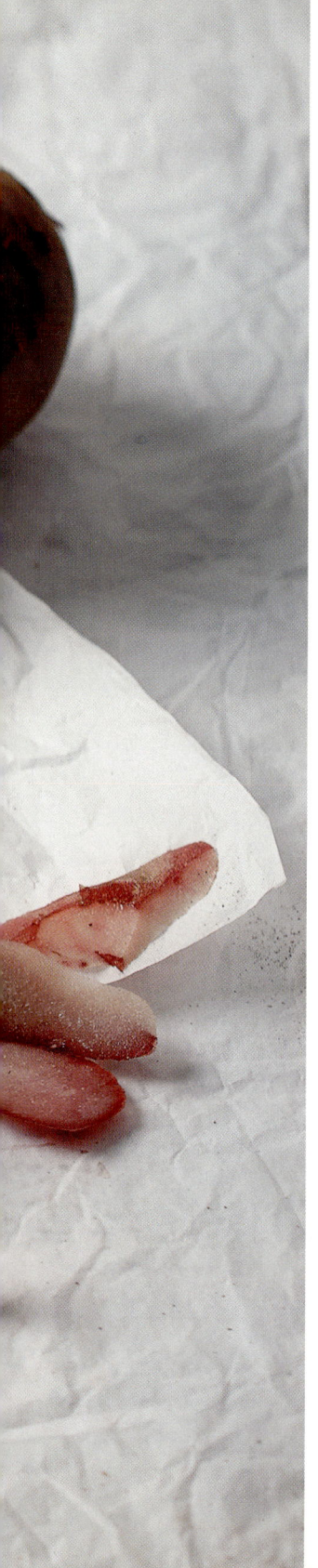

POTATO

감자

마트에서 사온 감자 한 봉지,
잠깐 잊었을 뿐인데 어느새 싹이 돋아난 경험
한 번쯤 있으시죠?
포슬포슬 맛있는 감자로 냉장고를 꽉 채워드릴게요.

- Pan-fried Potato
- Pan-fried Shredded Potato
- Roasted potato with butter
- Fried potato
- Stir-fried Potato
- Roasted Potato
- Potato omelette
- Boiled meat and Potato
- Potato egg salad

쫀득감자전

2인분 ☆

필수 재료
감자(2개), 부침가루(2)

선택 재료
어슷 썬 붉은 고추(약간)

양념
소금(0.2)

1 감자는 껍질을 벗기고,

2 감자는 강판에 갈아 부침가루(2), 소금(0.2)을 넣어 반죽을 만들고,

3 식용유(1) 두른 팬에 반죽을 넣어 노릇하게 중간 불로 굽고,

4 붉은 고추를 고명으로 얹고 그릇에 담아 마무리.

감자채전

2인분 ☆

필수 재료
감자(2개), 빵가루(2),
달걀노른자(1개 분량)

양념
소금(약간), 후춧가루(약간),
마요네즈(1)

1 감자를 곱게 채 썬 뒤 찬물에 담가 전분기를 제거하고,

2 체에 밭쳐 물기를 제거하고,

3 소금, 후춧가루, 빵가루(2), 마요네즈(1), 달걀노른자를 채 썬 감자와 섞어 반죽을 만들고,

4 달군 팬에 식용유(3)를 두르고 동그랗게 모양을 내어 반죽을 올린 뒤 중간 불로 구워 마무리.

감자버터구이

2인분 ☆

필수 재료
감자(2개)

조림용 감자를 사용하면 더욱 간편해요.

양념
소금(0.5), 버터(1), 설탕(1)

1 감자는 껍질을 벗긴 뒤 한입 크기로 손질하고,

2 냄비에 물(2컵), 감자, 소금(0.5)을 넣어 중간 불로 삶고,

3 버터(1)를 두른 팬에 삶은 감자를 넣어 중간 불로 굴려가며 겉면이 노릇해지도록 굽고,

4 설탕(1)을 뿌려 약한 불에서 노릇하게 구워 마무리.

감자튀김

2인분 ☆☆

필수 재료
감자(2개), 튀김가루(2)

양념
소금(약간)

파슬리 양념
파르메산 치즈가루(2) +
파슬리가루(약간)

1 감자는 두껍게 채를 썬 뒤 차가운 물에 담가 전분기를 빼고,

2 체에 밭쳐 물기를 제거하고,

3 비닐팩에 감자, 소금, 튀김가루(2)를 넣고 골고루 묻도록 흔들고,

4 170℃로 예열한 식용유(5컵)에 감자를 넣어 5분간 노릇해질 때까지 튀기고 **파슬리 양념**을 뿌려 마무리.

파르메산 치즈대신 양파, 치즈맛 양념 또는 라면스프를 이용해도 맛있어요.

감자볶음

2인분 ☆

필수 재료
감자(2개), 쪽파(½대)

양념
간장(1), 소금(0.2),
후춧가루(약간), 참깨(약간)

1 감자는 곱게 채 썬 뒤 찬물에 담가 전분기를 빼고,

2 체에 밭쳐 물기를 제거하고,

3 식용유(1) 두른 팬에 감자를 넣어 중약 불로 볶다가 반쯤 투명해지면 간장(1), 소금(0.2), 후춧가루를 넣어 간하고,

4 다 익으면 쪽파는 송송 썰어 넣고 참깨를 뿌려 마무리.

통감자구이

2인분 ☆☆

필수 재료
감자(2개), 모차렐라치즈(2)

양념
버터(3), 소금(0.3), 후춧가루(약간), 사워크림 또는 그릭요거트(3)

1 나무 젓가락 위에 감자를 올려 끝부분이 잘리지 않도록 조심스럽게 슬라이스하고,

2 200℃로 예열한 오븐에 감자를 넣어 20분간 굽고,

이때 오븐온도는 200℃를 유지해요.

3 감자를 꺼내 버터(3)를 바른 후 10분간 굽고, 다시 감자를 꺼내 소금(0.3), 후춧가루, 치즈(2)를 올린 뒤 노릇해질 때까지 5분 굽고,

4 구운 감자 위에 사워크림 또는 그릭요거트를 뿌려 마무리.

감자오믈렛

2인분 ☆ ☆

필수 재료
감자(1개), 양파(½개), 달걀(4개)

선택 재료
베이컨(2줄)

양념
소금(0.5), 후춧가루(약간)

1 감자는 얇게 썰어 물에 헹궈 전분기를 없앤 후 체에 밭쳐 물기를 제거하고,

2 식용유(3)를 두른 팬에 감자를 넣어 중약 불로 익히고,

3 감자가 반쯤 익으면 잘게 썬 양파, 베이컨을 넣고 소금(0.5), 후춧가루로 간하고,

모차렐라 치즈를 뿌려도 맛있어요.

4 달걀을 고루 풀어 팬에 붓고,

5 한쪽 면이 익으면 뒤집어 반대쪽까지 충분히 익혀 마무리.

고기감자조림

3인분 ☆ ☆

필수 재료
감자(3개), 당근(1개),
불고기용 쇠고기(200g)

선택 재료
양파(2개), 껍질콩(5개)

양념
올리브유(약간), 물(1컵), 설탕(3),
소금(0.5), 간장(4), 청주(2)

1 감자, 당근, 양파는 한입 크기로 썰고, 껍질콩은 반으로 자르고,

2 올리브유를 두른 냄비에 쇠고기를 넣어 중간 불로 고기가 익을 때까지 볶고,

3 냄비에 감자, 당근, 양파를 넣어 3분간 볶고,

4 물(1컵)을 넣어 자작하게 끓이고,

5 감자가 익으면 설탕(3), 소금(0.5), 간장(4), 청주(2)를 넣고 섞고,

감자가 으깨지면 국물이 탁해지므로 조심스럽게 섞어주세요.

6 감자에 간이 배어들면 껍질콩을 넣고 한소끔 더 끓여 마무리.

감자달걀샐러드

2인분 ☆

필수 재료
감자(2개), 달걀(3개)

선택 재료
오이(½개), 당근(½개), 소금(약간)

양념
마요네즈(3), 머스타드(0.5), 소금(약간), 설탕(1.5)

1 감자를 삶아 으깨고,

2 달걀도 삶은 뒤 흰자와 노른자로 나누어 따로 으깨고,

3 오이는 반달모양으로 썰고,

4 소금을 뿌려 절인 후 체에 밭쳐 물기를 빼고,

5 당근은 반달모양으로 썰고,

6 볼에 으깬 감자, 달걀, 오이, 당근을 섞고, 마요네즈(3), 머스타드(0.5), 소금, 설탕(1.5)을 버무려 마무리.

SWEET POTATO

고구마

달콤한 고구마 계속 쪄먹기 질리시죠?
그럴 땐 한번 튀겨보세요!
정말 맛있어요.

Sugar Glazed Sweet Potato

Sweet Potato Croquette

Sweet Potato Latte

Sweet Potato chip

고구마크로켓

2인분 ☆ ☆

필수 재료
당근($\frac{1}{4}$개), 양파($\frac{1}{4}$개),
고구마(2개), 밀가루($\frac{1}{2}$컵),
달걀(1개), 빵가루(1컵)

선택 재료
비엔나 소시지(5개),
모차렐라치즈($\frac{1}{2}$컵)

1 당근, 양파는 곱게 다지고, 소시지는 반씩 자르고,

2 팬에 식용유(1)를 두르고 다진 양파와 당근은 투명해질 때까지 중간 불로 볶고,

3 고구마는 삶아 껍질을 제거해 으깨고, 볶은 채소를 넣어 섞고,

4 고구마 안에 소시지나 모차렐라치즈를 넣어 둥근 모양을 만들고,

5 고구마볼에 밀가루→달걀물→빵가루를 순서대로 묻히고,

6 180℃로 예열한 식용유(2컵)에 넣어 노릇하게 튀겨 마무리.

속 재료는 미리 익혔기 때문에 튀김 옷이 노릇해지면 바로 꺼내요.

고구마맛탕

2인분 ☆

필수 재료
고구마(2개)

양념
물엿(3)

한 입 크기로 자른 고구마를 전자레인지에 돌리면 튀기는 시간이 줄어들어요.

1. 고구마는 껍질을 벗겨 한입 크기로 썰고,

2. 고구마를 물에 담가 전분기를 뺀 뒤 체에 밭쳐 물기를 제거하고,

3. 중간 불로 예열한 식용유(2컵)에 고구마를 넣어 노릇하게 튀겨 건져내고,

검은깨를 뿌리면 더욱 고소하고 맛있어요.

4. 다른 팬에 물엿(3), 튀긴 고구마를 넣고 잘 버무려 마무리.

고구마칩

2인분 ☆ ☆

필수 재료
고구마(2개)

1 고구마를 얇게 슬라이스하고,

(말풍선: 슬라이서를 이용하면 편해요.)

2 물에 담가 전분기를 빼고,

3 키친타월로 물기를 제거하고,

4 중간 불로 예열한 식용유(2컵)에 바삭하게 튀겨 마무리.

고구마라테

1인분 ☆

필수 재료
고구마(1개), 우유(2컵)

선택 재료
꿀(1)

1 고구마는 삶은 뒤 껍질을 벗기고,

2 냄비에 우유를 넣고 약한 불로 따뜻하게 데우고,

3 믹서에 우유, 삶은 고구마를 넣어 곱게 갈고,

4 컵에 담고 꿀(1)을 뿌려 마무리.

KIMCHI

김치

김치냉장고 없는 자취방에서는
아무리 맛있는 김치라도 금세 시큼한 묵은지가 되죠?
냉장고 한 켠을 항상 지키고 있는 김치 한 통으로
한그릇 요리부터 반찬, 찌개까지
만들어보세요.

Kimchi Fried Rice

Seasoned Kimchi

Kimchi Stew

Tofu with Kimchi

김치볶음밥

1.5인분 ☆

필수 재료
김치(1컵), 밥(1.5공기)

선택 재료
햄(⅓컵 분량)

참치를 넣어도 좋아요.

양념
김칫국물(2), 고추장(0.5), 설탕(0.3)

1 김치는 다지고, 햄은 먹기 좋은 크기로 자르고,

2 식용유(1)를 두른 팬에 김치를 넣어 중간 불로 볶고, 김치의 숨이 죽으면 김칫국물(2), 고추장(0.5), 설탕(0.3)을 넣고,

3 불을 끄고 3~5분 식히고,

찬밥을 이용하면 더욱 좋아요.

4 밥을 넣고, 주걱을 세워 자르듯이 볶아 마무리.

김치무침

2인분 ☆

필수 재료
묵은지(½포기)

선택 재료
쪽파(2대)

양념
참기름(1), 설탕(0.3),
고춧가루(0.3), 참깨(약간)

1 묵은지를 물에 씻은 뒤 물기를 제거하고,

2 먹기 좋게 썰고,

3 쪽파는 송송 썰어 준비하고,

4 묵은지에 참기름(1), 설탕(0.3), 고춧가루(0.3), 참깨, 쪽파를 넣고 무쳐 마무리.

김치찌개

2인분 ☆☆

필수 재료
김치(⅛포기=2컵),
쌀뜨물(4컵),
돼지고기(100g=1컵),
김칫국물(⅓ 컵)

묵은지로 하는 것이 좋아요.

선택 재료
대파(½ 대)

양념
다진 마늘(0.5), 고춧가루(1),
간장(0.5), 소금(0.3)

1 김치를 먹기 좋은 크기로 썰고,

2 파는 어슷 썰고,

3 냄비에 쌀뜨물(4컵)을 넣고,

4 김치, 돼지고기, 김칫국물(⅓ 컵), 다진 마늘(0.5)을 넣은 후 김치가 투명해질 때까지 중간 불로 끓이고,

5 고춧가루(1), 간장(0.5)을 넣고 부족한 간은 소금(0.3)으로 맞추고,

6 어슷 썬 파를 넣어 마무리.

두부김치

2인분 ☆☆

필수 재료
돼지고기(100g=1컵),
김치(½포기=2컵),
김칫국물(⅓컵),
두부(1모)

묵은지로 하는 것이 좋아요.

양념
다진 마늘(0.5), 설탕(0.5),
후춧가루(약간)

1 냄비에 돼지고기를 넣고 겉이 흰색이 될 때까지 중간 불로 볶고,

2 먹기 좋게 썬 김치, 김칫국물(⅓컵), 다진 마늘(0.5)을 넣고 볶고,

3 설탕(0.5), 후춧가루를 넣어 볶고,

4 끓는 물에 두부를 넣어 따뜻하게 데우고,

5 먹기 좋은 크기로 썰고,

6 접시에 두부, 볶음김치를 함께 담아 마무리.

EGG

달걀

냉장고에 없으면 섭섭한 달걀의 다양한 변신!
따라 하다 보면 어느새 달걀 한 판 뚝딱!

- Japanese Egg roll
- Korean Egg roll
- Egg Benedict
- Steamed eggs
- Egg soup
- Bacon egg crepe
- Egg Bread

달걀말이 (일식_사각 팬)

1인분 ☆☆☆

필수 재료
달걀(3개)

양념
물(½컵=100㎖),
시판 가다랑어포 장국(1),
소금(0.3)

1 달걀을 풀어준 뒤 물(½컵), 가다랑어포 장국(1), 소금(0.3)을 넣어 잘 섞고,

2 중약 불로 달군 사각 팬에 식용유(약간)를 묻힌 뒤 달걀물을 붓고,

3 달걀물이 익으면 돌돌 말아 접고, 남은 달걀물을 조금씩 부어가며 말고,

4 달걀말이는 김발로 말아 5분 정도 두어 모양을 만들고, 큼직하게 잘라 접시에 담아내 마무리.

달걀말이 (한식_원형 팬)

2인분 ☆☆

필수 재료
달걀(4개)

선택 재료
다진 파(2), 다진 당근(1)

양념
소금(0.3)

1 볼에 달걀, 소금(0.3)을 넣어 푼 뒤 곱게 다진 파, 당근을 넣어 잘 섞고,

2 팬에 식용유(약간)를 두르고 달걀물을 조금 붓고,

3 약한 불에서 달걀물을 조금씩 부어가며 돌돌 말아 큼직하게 잘라 접시에 담아 마무리.

달걀물이 80% 익었을 때 달걀을 말아주세요. 다 익은 후에는 모양잡기가 힘들어요.

에그베네딕트

1인분 ☆☆

필수 재료
빵(1개), 베이컨(2줄),
시금치(1줌), 수란(1개)

양념
소금(약간), 후춧가루(약간),
홀랜다이즈 소스(3)

1 빵은 팬에 중간 불로 굽고,

2 베이컨은 노릇하게 중간 불로 구워 따로 두고,

3 베이컨을 구웠던 팬에 시금치를 넣고 소금, 후춧가루를 뿌려 살짝 숨이 죽을 때까지 중간 불로 볶고,

4 빵 위에 시금치, 베이컨, 수란, 홀랜다이즈 소스(3)를 순서대로 올려 마무리.

에그베네틱트 서브 레시피
홀랜다이즈 소스

시간이 지나 소스가 굳었을 땐 따뜻한 물을 넣어 섞고, 사용하고 남은 홀랜다이즈 소스는 냉장 보관시 1~2일 정도 사용 가능해요. 다시 사용할 때는 중탕으로 데워주세요.

3인분 ☆☆☆

필수 재료
달걀노른자(3개 분량)

양념
레몬즙(1), 소금(약간), 버터($\frac{1}{2}$컵)

1 냄비에 절반 정도 물을 넣고 끓기 시작하면 달걀노른자, 레몬즙(1), 소금을 넣은 볼을 올려 거품기로 저어 살짝 걸쭉한 상태가 될 때까지 약한 불에서 중탕하고,

완성한 소스는 따뜻할 때 사용하세요. 마요네즈 농도가 적당합니다.

2 버터($\frac{1}{2}$컵)를 조금씩 넣어가며 완벽하게 섞어 마무리.

에그베네틱트 서브 레시피
수란

탱글탱글한 달걀흰자를 터트리면 주르륵 노른자가 흘러나오는 수란이에요.

1인분 ☆☆☆

필수 재료
달걀(1개)

양념
소금(0.5), 식초($\frac{1}{3}$컵)

1 냄비에 물(4컵)을 약한 불로 끓이다 소금(0.5), 식초($\frac{1}{3}$컵)를 넣고 젓가락으로 약한 회오리를 만든 후 달걀을 깨 넣고,

2 달걀의 겉이 익으면 국자로 조심스럽게 꺼내어 접시에 담아 마무리.

달걀찜

2인분 ☆☆

필수 재료
달걀(5개)

선택 재료
송송 썬 파(약간)

육수 재료
멸치(3마리)

양념
새우젓(0.3), 고춧가루(약간)

1 뚝배기에 물(1½컵), 멸치를 넣고 센 불에 10분 정도 끓인 후 육수만 거른 뒤 새우젓(0.3)을 넣어 간하고,

2 볼에 달걀을 넣어 잘 풀고,

왕란일 경우 4개만 사용하세요.

3 뚝배기의 육수가 끓기 시작하면 달걀물을 조금씩 붓고 몽글몽글해질 때까지 거품기로 천천히 휘저은 뒤 불을 끄고,

4 뚜껑 닫은 채로 3분간 뜸을 들인 후 송송 썬 파와 고춧가루를 뿌려 마무리.

달걀국

2인분 ☆

필수 재료
달걀(2개), 부추(½줌)

양념
국간장(1), 소금(0.5)

1 달걀을 젓가락으로 풀고,

2 냄비에 물(4컵)을 넣어 끓기 시작하면 달걀을 넣어 살짝 젓고,

3 부추는 먹기 좋게 썰어 넣고, 국간장(1)으로 간한 뒤 모자란 간은 소금(0.5)으로 맞춰 한번 더 끓여 마무리.

달걀국에 황태를 넣어 끓이면 시원한 황태 해장국이 돼요.

달걀베이컨크레이프

1인분 ☆ ☆

필수 재료
달걀(1개), 베이컨(2줄)

반죽 재료(2장 분량)
달걀(1개), 밀가루($\frac{1}{2}$ 컵),
우유($\frac{3}{5}$ 컵=120㎖), 소금(0.2),
식용유(2)

양념
소금(약간), 후춧가루(약간)

1 볼에 **반죽 재료**를 넣고 섞어 반죽을 만들고 체에 걸러 냉장실에 30분간 두고,

2 약한 불로 달군 팬에 반죽을 붓고 얇게 펴 크레이프를 만들고,

3 중앙에 달걀을 올린 후 약한 불로 천천히 익히고,

베이컨은 팬에 살짝 구워 사용하세요.

4 달걀이 반숙으로 익으면 베이컨을 올린 후 가장자리를 접어 모양을 만들고 소금, 후춧가루를 뿌려 마무리.

달걀빵

1인분 ☆

필수 재료
모닝빵(2), 달걀(1)

선택 재료
모차렐라치즈(2)

양념
소금(약간), 파슬리가루(약간)

1. 모닝빵은 둥근 모양으로 속을 파내고,

2. 달걀을 풀어 빵 안에 넣고, 소금, 모차렐라 치즈(2), 파슬리가루를 뿌리고,

3. 전자레인지에 2분간 돌려 마무리.

치즈 대신 구운 베이컨을 올려 토핑해도 좋아요.

055

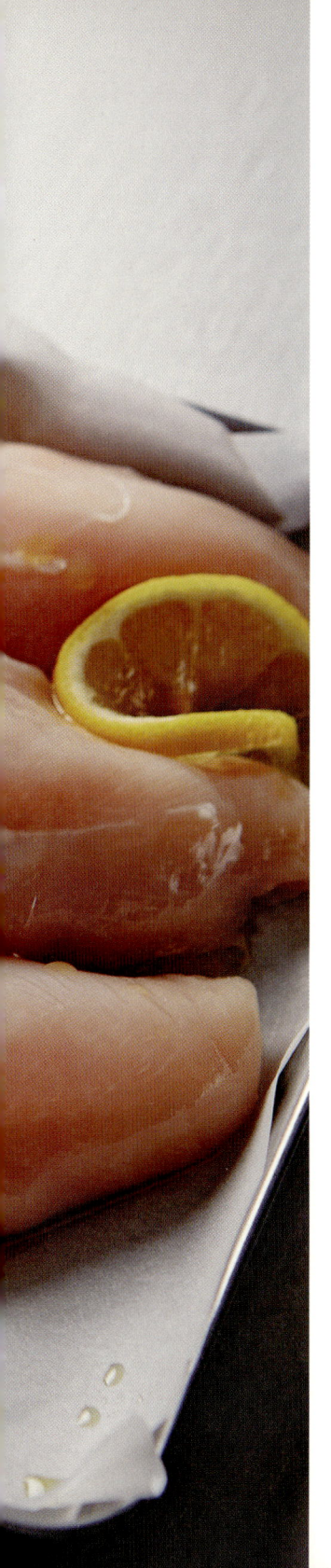

CHICKEN BREAST

닭가슴살

냉장고에 다이어트를 하려고 사다 둔
닭가슴살 하나쯤은 있으시죠?
퍽퍽해서 먹기 힘들었던 닭가슴살로
근사한 요리를 만들어보세요.

Chicken Curry

Spicy Chicken Soup

Chicken Steak

Rice topped with Chicken

Cold Chicken Salad

Chicken Sandwich

닭가슴살카레

2인분 ☆

필수 재료
닭가슴살(2쪽), 양파(1개), 감자(1개), 당근($\frac{1}{2}$개)

선택 재료
단호박($\frac{1}{4}$개)

양념
고형카레(4조각)

1 닭가슴살은 큼직큼직하게 썰고,

2 양파, 감자, 당근, 단호박은 큼직하게 깍둑 썰고,

3 냄비에 식용유(1)를 두르고 양파, 당근, 감자를 중간 불로 볶고,

4 채소 겉이 투명해지면 닭가슴살을 넣어 볶고,

5 닭가슴살의 색이 변하면 물(2컵)을 넣어 끓이고,

6 고형카레와 단호박을 넣어 한 번 더 끓여 마무리.

2인분 ☆ ☆

필수 재료
닭가슴살(2쪽),
대파(2대), 콩나물(1줌)

육수 재료
대파(흰부분, 2대), 마늘(1쪽)

양념
참기름(2), 고춧가루(2),
국간장(1), 소금(0.5)

닭개장

1 냄비에 물(5컵)을 넣고 닭가슴살, **육수 재료**를 넣어 중간 불로 끓이고,

2 닭가슴살이 익으면 건져 결대로 찢고, 남은 육수는 체에 걸러두고,

대파는 적당한 크기로 잘라 사용하세요.

3 냄비에 참기름(2), 닭가슴살, 고춧가루(2)를 넣어 중간 불로 2분간 볶고,

4 걸러둔 육수를 부어 끓이고,

5 끓기 시작하면 대파, 콩나물을 넣어 채소가 투명해질 때까지 끓이고,

6 국간장(1)을 넣고 부족한 간은 소금(0.5)으로 맞춰 마무리.

고소한 맛을 좋아한다면, 달걀 2개를 풀어 마지막에 넣어요.

닭가슴살스테이크

2인분 ☆

필수 재료
닭가슴살(2쪽), 샐러드 채소(1줌)

선택 재료
파프리카(½개), 씨겨자(0.3), 아스파라거스(3대)

밑간
다진 마늘(1), 올리브유(2), 소금(0.3), 후춧가루(약간), 파슬리가루(0.3)

1 닭가슴살은 **밑간**에 10분간 재우고,

2 중간 불로 달군 팬에 닭가슴살을 올려 앞뒤로 노릇하게 굽고,

3 샐러드 채소는 차가운 물에 씻어 물기를 제거하고,

4 구운 닭가슴살에 샐러드 채소, 파프리카, 씨겨자, 아스파라거스를 곁들여 마무리.

닭가슴살덮밥

1인분 ☆

필수 재료
양파(½개),
통조림 닭가슴살(1캔), 달걀(2개)

선택 재료
채 썬 파(약간)

덮밥 소스
가다랑어포 장국(4), 물(½컵)

1 양파를 얇게 썰고,

2 팬에 가다랑어포 장국(4), 물(½컵), 양파, 닭가슴살을 넣어 중간 불로 3분간 끓이고,

3 달걀을 풀어 팬에 붓고 뚜껑을 덮어 30초 동안 익히고,

4 밥 위에 담고 채 썬 파를 곁들여 마무리.

닭가슴살냉채

1인분 ☆

필수 재료
오이(½개), 양배추(3장), 통조림 닭가슴살(1캔)

선택 재료
당근(⅓개)

양념
소금(0.2)

양념장
설탕(2) + 소금(0.3) + 식초(3) + 다진 마늘(0.5) + 겨자(0.1)

1. 오이는 반달모양으로 썰어 소금(0.2)을 뿌려 10분 정도 절이고,

2. 당근과 양배추는 곱게 채 썰고,

3. **양념장**을 섞어 냉장고에 넣어 차갑게 보관하고,

4. 닭가슴살, 오이, 당근, 양배추를 섞고 양념장을 부어 마무리.

닭가슴살 샌드위치

1인분 ☆☆

필수 재료
닭가슴살(1쪽), 당근($\frac{1}{2}$ 개),
양상추(4장), 식빵(2장)

선택 재료
토마토($\frac{1}{2}$ 개)

밑간
소금(약간), 후춧가루(약간),
맛술(1)

샌드위치 소스
씨겨자(0.5) + 마요네즈(1)

두툼한 닭가슴살은 포를 떠서 납작하게 만들어주세요.

1 닭가슴살은 **밑간**한 후 팬에 중간 불로 굽고,

2 당근은 곱게 채 썰고, 양상추는 손으로 뜯고, 토마토는 얇고 둥글게 썰고,

3 구운 식빵에 **샌드위치 소스**를 바르고,

4 식빵에 양상추, 당근, 토마토, 구운 닭가슴살을 샌드해 마무리.

TOFU

두부

두부요리를 하려고 사왔다가
애매하게 남은 두부 반 모로 맛있는 두부요리를
만들어보세요.

Mapa Tofu

Fried Tofu

Silken Tofu Salad

Tofu Soybean Paste Sauce

Soft Tofu Gratin

Soft Tofu Stew

마파두부

1인분 ☆ ☆

필수 재료
두부(½모), 녹말가루(4),
다진 돼지고기(100g),
양파(¼개), 피망(½개)

양념
고추기름(2), 다진 마늘(0.5),
후춧가루(약간), 두반장(1),
굴소스(0.5), 물(1컵), 녹말물(1)

1 두부는 깍둑 썰어 키친타월을 이용해 물기를 제거하고,

녹말가루를 묻혀 쫀득한 식감을 냈어요. 튀김이 번거롭다면 튀기지 않아도 좋아요.

2 녹말가루를 골고루 묻힌 뒤 식용유(1컵)를 부은 팬에 두부를 넣어 중간 불로 튀기고,

3 팬에 고추기름(2), 다진 마늘(0.5), 돼지고기, 후춧가루를 넣어 중간 불로 고기가 익을 때까지 볶고,

4 양파와 피망은 다져 넣고,

5 어느 정도 채소가 볶아지면 두반장(1), 굴소스(0.5)를 넣어 볶다가 물(1컵)과 녹말물(1)을 넣어 농도를 조절하고,

6 튀긴 두부를 넣어 섞고 그릇에 밥과 함께 담아내 마무리.

1인분 ☆ ☆

필수 재료
두부($\frac{1}{2}$모), 녹말가루(3),
무($\frac{1}{2}$토막), 쪽파(1대)

소스
가다랑어포 장국(2), 물($\frac{1}{2}$ 컵),
간장(2)

튀김두부

1 가다랑어포 장국(2), 물($\frac{1}{2}$컵), 간장(2)을 섞어 **소스**를 만들어 차게 보관하고,

2 두부는 키친타월을 이용하여 수분을 제거한 뒤 녹말가루를 골고루 묻혀 중간 불로 튀겨내고,

3 무는 강판을 이용하여 곱게 간 후 수분을 제거하고,

4 쪽파는 송송 썰고,

5 접시에 간장소스, 튀긴 두부, 간 무, 쪽파를 담아 마무리.

연두부샐러드

1인분 ☆

필수 재료
연두부(1팩=250g)

선택 재료
쪽파(½대), 가다랑어포(약간)

양념
시판 오리엔탈드레싱(2)

1 쪽파는 송송 썰어두고,

2 그릇에 연두부를 담고,

3 연두부 위에 오리엔탈드레싱(2)을 뿌리고,

4 가다랑어포, 쪽파를 뿌려 마무리.

두부강된장

2인분 ☆

필수 재료
양파(½개), 파(흰 부분 1대),
두부(½모)

선택 재료
새송이버섯(1개), 청양고추(2개)

양념
멸치육수(⅔컵), 참기름(약간),
참깨(약간)

강된장 양념장
고춧가루(½) + 다진 마늘(1) +
된장(2) + 고추장(1) + 물엿(1) +
참기름(0.5)

1 양파, 파, 버섯, 청양고추는 송송 썰고,

2 두부는 칼등으로 으깨고,

3 **강된장 양념장**을 만든 뒤 멸치육수(⅔컵)에 넣어 중간 불로 끓이고,

4 끓기 시작하면 썰어 둔 채소를 넣어 끓이고 으깬 두부를 넣어 약한 불로 끓이다가 두부에 맛이 들면 불을 끄고 참기름, 참깨를 뿌려 마무리.

순두부그라탱

1인분 ☆ ☆

필수 재료
순두부(1팩), 양파(½개),
김치(½컵), 다진 돼지고기(½컵),
모차렐라치즈(1컵)

선택 재료
청양고추(2개)

양념
소금(약간), 후춧가루(약간),
토마토소스(1½컵)

1 순두부는 소금을 약간 뿌린 뒤 체에 밭쳐 수분을 세서하고,

2 양파, 김치는 곱게 다지고, 청양고추는 송송 썰고,

3 팬에 돼지고기, 소금, 후춧가루를 넣어 중간 불로 3분간 볶고,

4 다진 양파, 김치를 넣어 볶다가 토마토소스(1½컵)를 넣어 수분을 날리듯 5분간 볶아 소스를 만들고,

5 오븐용 그릇에 순두부를 적당한 크기로 잘라 올리고,

6 순두부 위에 소스, 모차렐라 치즈를 올려 200℃ 오븐에 넣고 7분 정도 구워 마무리.

1인분 ☆ ☆

필수 재료
순두부(1팩), 양파(½개), 애호박(⅓개)

선택 재료
바지락(1팩), 청양고추(1개), 대파(약간), 달걀(1개)

양념
참기름(2), 다진 마늘(0.5), 고춧가루(2), 소금(0.3)

순두부찌개

1 바지락은 소금물에 담가 미리 해감하고,

2 순두부는 소금을 약간 뿌린 뒤 체에 밭쳐 수분을 제거하고,

3 양파, 애호박은 먹기 좋은 크기로 썰고, 청양고추, 파는 송송 썰고,

4 냄비에 참기름(2), 다진 마늘(0.5), 고춧가루(2)를 넣어 약한 불에서 1분간 볶고,

5 양파, 애호박을 넣고 살짝 볶다가 물(½컵), 순두부, 바지락을 넣고 센 불로 바글바글 끓이고,

6 끓기 시작하면 소금(0.3)을 넣어 간하고, 파, 청양고추, 달걀을 올려 한 번 더 끓여 마무리.

TTEOK

존득존득 맛있는 떡이 남았을 땐
밀봉하여 냉동보관하세요.
해동해서 그냥 프라이팬에 굽기만 해도 참 맛있어요.

Dango

Injeolmi Sandwich

Soy sauce topokki

가래떡당고

1인분 ☆

필수 재료
가래떡(1줄)

소스
물($\frac{1}{2}$컵), 흑설탕(4), 간장(3), 맛술(1), 녹말가루(1)

1 가래떡은 먹기 좋은 크기로 자르고,

2 자른 떡은 나무 꼬치에 꽂고,

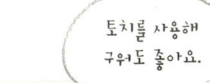

토치를 사용해 구워도 좋아요.

3 약한 불에 돌려가며 가래떡을 굽고,

4 냄비에 **소스** 재료를 넣어 중간 불로 걸쭉한 농도가 될 때까지 끓여 소스를 만들고,

5 구운 가래떡에 소스를 발라 마무리.

인절미샌드위치

1인분 ☆

필수 재료
식빵(2장), 인절미(6개), 인절미콩가루(2)

양념
버터(1), 꿀(2)

1 식빵에 버터(1)를 발라 팬에 앞뒤로 굽고,

2 구운 식빵 위에 인절미, 꿀(2)을 올리고,

3 나머지 식빵 한 장을 올려 전자레인지에 40초간 돌리고,

4 완성한 토스트 위에 남은 인절미와 인절미콩가루(2)를 올려 마무리.

간장떡볶이

1인분 ☆

필수 재료
떡볶이 떡(2컵)

선택 재료
아몬드 슬라이스(약간)

양념
간장(1), 물엿(1)

1 따뜻한 물에 떡을 넣어 10분간 불리고,

2 식용유(1)를 두른 팬에 떡을 넣어 약한 불로 볶고,

3 겉이 노릇해지면 간장(1), 물엿(1)을 넣어 빠르게 섞고,

4 접시에 담고 아몬드 슬라이스를 뿌려 마무리.

RAMEN

라면

자취생들의 영원한 친구, 라면.
아무리 다양한 종류의 라면을
먹는다고 해도 물릴 때가 있죠?
인스턴트 라면에 약간의 재료를 첨가하면
새로운 요리로 변신!
맛있는 라면을 더욱 맛있게 만들어봐요.

Cold ramen

Sausage ramen

Rabokki

Spring onion ramen

냉라면 (비빔면)

1인분 ☆

필수 재료
비빔면(1개), 냉면육수(1팩)

선택 재료
채 썬 오이(½개),
삶은 달걀(½개)

1 끓는 물(2⅓컵)에 면을 넣고 센 불에서 4분간 삶아 찬물에 헹궈 물기를 빼고,

2 그릇에 면을 담고,

3 삶은 달걀과 오이를 채 썰어 올리고,

4 시원한 냉면육수를 붓고 비빔면 스프를 올려 마무리.

부대라면

1인분 ☆

필수 재료
라면(1개), 김치(⅓컵),
소시지(⅓컵)

선택 재료
송송 썬 파(약간)

1 냄비에 물(2⅓컵), 라면스프, 김치를 넣고 중간 불로 3분간 끓이고,

2 면, 소시지를 넣어 기호에 맞게 끓이고,

3 송송 썬 파를 올려 마무리.

김치, 소시지가 들어가기 때문에, 스프는 평소에 사용하던 양보다 조금 줄이는 게 좋아요.

라볶이

1인분 ☆

필수 재료
양배추(1줌), 대파($\frac{1}{2}$ 대),
떡볶이 떡(1컵), 라면(1개)

양념
물($2\frac{1}{2}$ 컵), 고추장(2), 설탕(2),
라면스프($\frac{1}{2}$개)

1 양배추는 큼직하게 썰고, 대파는 송송 썰고,

2 냄비에 물($2\frac{1}{2}$ 컵), 고추장(2), 설탕(2)을 넣고 중간 불로 끓이고,

3 물이 끓으면 떡볶이 떡, 양배추를 넣고 끓이고,

4 떡에 국물이 배어들면 라면, 라면스프, 대파를 넣고 한 번 더 끓여 마무리.

1인분 ☆

필수 재료
쪽파(3대), 하얀짬뽕라면(1개)

선택 재료
청양고추($\frac{1}{2}$개), 숙주($\frac{1}{2}$줌)

양념
된장(0.2), 참깨(0.5)

파라면(나가사키)

1 쪽파, 청양고추는 송송 썰고,

2 숙주는 끓는 물(2컵)에 데쳐 체에 밭쳐두고,

3 끓는 물($2\frac{1}{2}$컵)에 라면, 라면스프, 된장(0.2), 청양고추를 넣고 센 불로 5분간 끓이고,

4 식용유(2)는 팬에 뜨겁게 달구고,

5 그릇에 라면을 담고 쪽파, 달군 기름, 참깨(0.5)를 올려 마무리.

MANDU

만두

마트에 갔다가 아무 생각 없이 집어온 냉동만두.
굽고, 끓이고, 튀겨 야무지게
먹어볼까요?

Fried Dumplings

Dumpling soup

Sweet and Sour Dumplings

날개달린군만두

1인분 ☆ ☆

필수 재료
만두(5개)

밀가루 물
물(½컵), 밀가루(0.5)

1 달군 팬에 식용유(1)를 두르고 만두를 올려 약한 불로 밑바닥이 노릇해질 때까지 굽고,

2 물(½컵), 밀가루(0.5) 덩어리가 지지 않도록 잘 섞은 뒤 체에 걸러 **밀가루 물**을 만들고,

3 팬에 밀가루 물을 붓고,

4 뚜껑을 덮어 약한 불로 4~5분 정도 익히고,

5 수분이 날아가면 뚜껑을 열고 밑바닥이 노릇해질 때까지 굽고,

6 그릇에 뒤집어 담아 마무리.

접시를 대고 뒤집으면 그릇에 쉽게 담을 수 있어요.

만둣국

1인분 ☆

필수 재료
멸치육수(3컵), 만두(5개), 파(1대)

양념
다진 마늘(0.3), 국간장(0.5), 소금(0.4)

달걀지단
달걀(2개), 녹말물(1)

> 녹말물은 녹말가루와 물을 1:1로 섞어 만들어요.

> 달걀지단을 만들 때 녹말물을 넣으면 찢어지지 않고 예쁘게 만들 수 있어요.

1 달걀과 녹말물(1)을 섞어 팬에 부은 후 지단을 만들어 채 썰고,

2 냄비에 멸치육수(3컵)을 넣고 끓기 시작하면 만두, 다진 마늘(0.3)을 넣어 중간 불로 끓이고,

3 만두가 어느 정도 익으면 국간장(0.5), 소금(0.4)으로 간을 한 후 송송 썬 파를 넣어 불을 끄고,

4 그릇에 담아 지단을 올려 마무리.

만두탕수

1인분 ☆☆

필수 재료
만두(8개), 오이($\frac{1}{4}$개),
당근($\frac{1}{4}$개)

탕수육 소스
간장(2), 식초(4), 설탕(2),
녹말물(2)

1 팬에 식용유(2)를 두르고 군만두를 노릇하게 중간 불로 굽고,

2 오이, 당근은 반달모양으로 얇게 썰고,

3 냄비에 물(1컵), 간장(2), 식초(4), 설탕(2)을 넣고 끓어오르면 오이, 당근, 녹말물(2)을 넣고 3분간 끓여 **탕수육 소스**를 만들고,

4 튀긴 만두 위에 탕수육 소스를 부어 마무리.

NOODLE

호로록 호로록 누구나 좋아하고 즐기는 면.
야식으로 좋은 잔치국수부터 굴소스로
간단하게 만드는 볶음우동까지 다양하게 즐기세요!

Banquet noodle

Carbonara

Jjolmyeon

Stir-Fried Udon

잔치국수

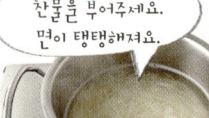

1인분 ☆

필수 재료
소면(1인분), 김치(½컵)

선택 재료
참기름(0.5), 설탕(0.3),
참깨(0.2),
쪽파(파란 부분, 약간)

육수
국수장국(¼컵), 물(2컵)

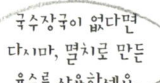
물이 끓어오르면 찬물을 부어주세요. 면이 탱탱해져요.

국수장국이 없다면 다시마, 멸치로 만든 육수를 사용하세요.

1 끓는 물(5컵)에 소면을 넣고 중간 불에 삶아 찬물에 헹군 뒤 체에 밭쳐 물기를 제거하고,

2 냄비에 국수장국(¼컵), 물(2컵)을 넣고 센 불로 팔팔 끓여 육수를 만들어 두고,

3 김치를 곱게 다진 뒤 참기름(0.5), 설탕(0.3), 참깨(0.2)를 넣어 섞고,

4 그릇에 소면, 육수, 다진 김치, 쪽파를 얹어 마무리.

카르보나라

1인분 ☆☆

필수 재료
스파게티(1인분 = 1줌),
달걀(1개), 파르메산 치즈(½컵),
베이컨(2줄)

양념
소금(1), 후춧가루(약간)

1 끓는 물(10컵)에 소금(1), 스파게티를 넣고 9분간 센 불에서 삶고,

2 볼에 달걀, 파르메산 치즈, 후춧가루를 넣어 섞고,

3 베이컨은 먹기 좋은 크기로 썰어 팬에 노릇하게 중간 불로 볶고,

달걀이 익지 않도록 주의해주세요.

4 삶은 스파게티를 넣어 고루 섞은 뒤 치즈 섞은 달걀물을 넣고 빠르게 휘저어 마무리.

쫄면

1인분 ☆☆

필수 재료
콩나물(1줌), 양배추(3장), 당근(⅓개), 쫄면(1인분=200g)

선택 재료
삶은 달걀(½개)

양념장(1인분 분량)
고춧가루(0.5) + 설탕(1) + 간장(1.3) + 식초(3) + 다진 마늘(0.3) + 고추장(1.5) + 물엿(1) + 참기름(0.5) + 참깨(약간)

> 양념을 미리 만들어 냉장고에 보관해두면 먹고 싶을 때 편하게 먹을 수 있어요.

1 **양념장**을 만들고

> 기호에 따라 식초의 양을 조절해주세요.

2 콩나물은 끓는 물(2컵)에 데쳐 찬물에 헹구고,

3 양배추와 당근은 곱게 채 썰고,

4 끓는 물에 쫄면을 넣어 중간 불로 삶고,

> 면 삶는 시간은 제품 포장지 뒷면에 적혀있어요.

5 찬물에 헹궈두고,

6 그릇에 쫄면을 담고 채소, 양념장, 달걀을 올려 마무리.

1인분 ☆

필수 재료
우동면(1팩), 양파($\frac{1}{2}$개),
피망($\frac{1}{2}$개), 숙주($\frac{1}{2}$줌)

선택 재료
가다랑어포(1줌)

양념
다진 마늘(0.5), 굴소스(1.5),
고춧가루(0.3), 후춧가루(약간)

볶음우동

1 끓는 물(3컵)에 우동면을 넣고 삶다가 면이 부드럽게 풀어지면 체에 걸러두고,

2 양파, 피망은 길게 채 썰고,

3 식용유(1)를 두른 팬에 다진 마늘(0.5), 양파를 넣어 중간 불로 볶고,

4 피망, 숙주, 우동면을 순서대로 넣어 볶고,

5 굴소스(1.5), 고춧가루(0.3), 후춧가루를 넣어 간하고,

6 접시에 담아 가다랑어포를 뿌려 마무리.

BREAD

식빵

식빵 한 봉지 혼자 먹기 참 많죠?
그럴 땐 비닐째 냉동해 두었다가 하나씩 실온 해동하면
끝까지 상하지 않게 먹을 수 있어요.

ham&eggs sandwiches

panini sandwich

Open Sandwiche

Bread pudding

Baked bread and scrambled eggs

달걀햄샌드위치

1인분 ☆

필수 재료
달걀(2개), 우유(1), 식빵(2장), 샌드위치용 햄(2장)

겨자소스
마요네즈(1), 씨겨자(0.5)

1 달걀에 우유를 넣어 잘 섞고,

2 팬에 식용유(1)을 두르고 달걀물을 부은 뒤 중간 불에서 젓가락으로 휘저어 스크램블을 만들고,

씨겨자 대신 소량의 연겨자를 사용해도 좋아요.

3 마요네즈(1)와 씨겨자(0.5)를 섞어 식빵에 바르고,

4 식빵 위에 완성한 스크램블과 햄을 샌드해 먹기 좋은 크기로 잘라 마무리.

그릴샌드위치

1인분 ☆ ☆

필수 재료
치아바타 빵(1개),
샌드위치용 햄(2장),
모차렐라 치즈(4장),

양념
올리브유(약간)

1 치아바타 빵은 가운데를 잘라 2등분하고,

2 올리브유를 바르고, 샌드위치 햄, 모차렐라 치즈를 샌드하고,

파니니 그릴이 없을 경우 프라이팬에 구워도 좋아요.

3 파니니 그릴에 노릇노릇하게 구워 마무리.

바나나땅콩버터 오픈샌드위치

1인분 ☆

필수 재료
식빵(1장), 바나나(1개)

소스
땅콩버터(2)

1 식빵은 팬에 약한 불로 살짝 굽고,

2 바나나를 먹기 좋은 크기로 자르고,

3 빵 위에 땅콩버터(2)를 바르고,

4 바나나를 올려 마무리.

> 토치로 살짝 구워주면 더 맛있게 먹을 수 있어요.

식빵푸딩

1인분 ☆

필수 재료
식빵(2장)

선택 재료
바나나(½개),
아몬드 슬라이스(약간)

달걀우유
우유(½컵), 달걀(½개), 설탕(2)

1 식빵은 먹기 좋은 크기로 자르고,

2 볼에 우유(½컵), 달걀(½개), 설탕(2)을 섞어 **달걀우유**를 만들고,

3 전자레인지용 그릇에 식빵, 슬라이스한 바나나를 담고 달걀우유를 붓고,

4 전자레인지에 4분 동안 돌리고 4분간 식힌 후 취향에 따라 아몬드 슬라이스를 올려 마무리.

> 슈가파우더를 뿌리면 더 맛있게 데코할 수 있어요.

구운식빵&스크램블

1인분 ☆

필수 재료
식빵(2장), 달걀(2개)

양념
소금(약간), 버터(0.5),
후춧가루(약간)

1 마른 팬에 식빵을 올려 약한 불로 굽고,

2 볼에 달걀, 소금(약간)을 넣어 섞고,

3 중약 불로 달군 팬에 버터(0.5)를 넣어 녹이고,

4 팬에 달걀물을 넣고 몽글몽글해질 때까지 젓가락으로 휘저어 스크램블을 만들고,

5 부드럽게 익힌 달걀 스크램블을 식빵 위에 올려 후춧가루를 뿌려 마무리.

소시지와 어린잎 채소만 올려 근사한 브런치로 먹어도 좋아요.

TUNA

참치

먹을 게 없을 때 꼭 찾게 되는 통조림 참치.
찬장에 하나씩 숨겨 놓은 거 있으시죠?
참치 통조림으로 간단하면서도
맛있게 한 끼 해결하세요.

Tuna Sandwich

Tuna Salade

Tuna Bibimbap

Tuna porridge

참치샌드위치

1인분 ☆

필수 재료
양파(½개), 통조림 참치(1캔), 식빵(4장)

양념
마요네즈(2), 후춧가루(약간)

1 양파를 곱게 다지고,

2 참치는 기름을 제거한 후 숟가락으로 으깨고,

3 양파, 마요네즈(2), 후춧가루를 섞어 참치 소를 만들고,

4 구운 식빵에 참치 소를 샌드하여 마무리.

참치샐러드 (큐브참치)

1인분 ☆

필수 재료
큐브참치(½캔),
샐러드채소(1팩), 오렌지(1개)

선택 재료
블랙올리브(2개)

드레싱
시판 오리엔탈드레싱(2)

1 참치는 체에 밭쳐 기름기를 제거하고,

2 채소는 찬물에 씻은 후 체에 밭쳐 물기를 제거하고,

3 오렌지는 과육만 발라내고, 올리브를 썰어 준비하고,

4 접시에 채소, 큐브참치, 오렌지, 올리브를 올리고, 드레싱을 뿌려 마무리.

참치비빔밥

1인분 ☆

필수 재료
통조림 참치(½캔), 쌈채소(3장), 밥(1공기)

선택 재료
콩나물(½줌), 당근(⅓개)

양념
초고추장(1), 참기름(1)

일반 고추장을 사용해도 좋아요.

1 참치는 체에 밭쳐 기름을 제거하고,

2 콩나물은 데쳐 찬물에 헹구고,

3 당근은 곱게 채 썰고, 쌈채소는 먹기 좋은 크기로 자르고,

4 그릇에 밥, 쌈채소, 당근, 콩나물, 참치를 올리고 초고추장(1), 참기름(1)을 넣어 마무리.

참치죽

1인분 ☆

필수 재료
밥(1공기), 통조림 참치(½캔)

선택 재료
당근(⅛개), 애호박(⅛개)

양념
소금(0.2)
참기름(약간), 참깨(약간)

요리하고 남은 참치는 다른용기에 덜어 보관하세요.

1 냄비에 물(2컵), 밥을 넣어 중약 불로 10분간 끓이고,

2 당근, 애호박을 곱게 다지고,

3 참치는 체에 밭쳐 기름을 제거하고,

간장으로 간 해도 좋아요.

4 냄비에 참치, 다진 채소들을 넣어 5분간 약한 불로 끓이고, 소금(0.2), 참기름, 참깨를 넣어 마무리.

TOMATO

토마토

칼로리가 낮아 야식으로 먹어도 부담 없는 토마토로
간단한 핑거푸드와 음료를 만들어봐요.

Tomato juice

Tomato marinade

Tomato Tofu Caprese

Tomato bruschetta

토마토마리네이드

2인분 ☆ ☆

필수 재료
방울토마토(20개), 양파($\frac{1}{4}$개)

선택 재료
생바질(8장)

양념
올리브유(4), 발사믹 식초(1), 후춧가루(약간)

1 방울토마토에 열십자로 칼집을 낸 후 끓는 물(5컵)에 10초간 살짝 데치고,

2 데친 토마토는 얼음물에 차갑게 식힌 후 껍질을 벗겨두고,

3 바질과 양파는 잘게 다지고,

4 볼에 식힌 토마토, 양파, 바질과 함께 올리브유(4), 발사믹 식초(1), 후춧가루를 넣고 섞어 마무리.

토마토주스

1인분 ☆

필수 재료
토마토(1개), 물(½컵)

1 토마토에 열십자로 칼집을 낸 후 끓는 물에 10초 정도 살짝 데치고,

2 데친 토마토는 껍질을 벗기고,

> 껍질을 벗기면 더욱 부드러운 주스가 됩니다.

3 토마토를 4등분하고,

4 믹서에 토마토, 물(½컵)을 넣고 곱게 갈아 마무리.

> 취향에 따라 꿀을 넣어 먹어요.

토마토부르스케타

2인분 ☆

필수 재료
바게트(6개), 토마토(1개), 양파(½개), 바질(4장)

양념
올리브유(2), 발사믹 식초(1), 후춧가루(약간)

1 바게트는 올리브유(1)를 발라 마른 팬에 약한 불로 굽고,

2 토마토, 양파, 바질을 다지고,

3 볼에 발사믹 식초(1), 올리브유(1), 후춧가루, 토마토, 양파, 바질을 넣어 섞고,

4 구운 바게트 위에 양념한 토마토를 올려 마무리.

토마토두부카프레제

1인분 ☆

필수 재료
토마토(1개), 연두부(1팩)

선택 재료
치커리(1줌)

양념
발사믹글레이즈(1), 올리브유(1)

1 토마토는 얇게 슬라이스하고,

2 연두부는 토마토와 비슷한 크기로 자르고,

3 치커리는 먹기 좋게 자르고,

4 접시에 토마토와 연두부를 담은 후 치커리와 발사믹글레이즈(1), 올리브유(1)를 뿌려 마무리.

일타 이피

two in one cooking recipe

요리 하나 만들기 위해 구매하는 식재료.
다음에 요리할 때 써야지 하면 꼭 유통기한 지난 후에 발견하는 일 많으시죠?
일타이피는 한 가지 재료로 두 가지 요리를 만들어
식재료를 남기지 않고 먹을 수 있도록 구성했어요.

Cheese rice

Kimchi Cheese Rice with Fish Roe

치즈밥

뜨겁게 달군 돌솥에 모든 재료를 넣어 쓱쓱 비비면 되는 치즈밥이에요.
누룽지를 만들어 먹으면 더 맛있어요.

1인분 ☆

필수 재료 밥(1공기), 모차렐라치즈(½컵)
선택 재료 햄(¼컵), 통조림 옥수수(2)
양념 참기름(0.5)
소스 설탕(0.5) + 케첩(1.5) + 고추장(1)

> 토핑은 김치,
> 참치, 햄 등
> 취향껏 준비하세요.

1 **소스**를 만들고,

2 햄은 옥수수 알갱이 크기로 자르고, 통조림 옥수수는 체에 밭쳐 국물을 제거하고,

3 달군 뚝배기에 참기름(0.5)을 바르고 밥, 소스, 햄, 옥수수, 모차렐라치즈를 순서대로 담고,

4 뚝배기가 뜨거울 때 밥을 비벼 마무리.

김치치즈알밥

입안에서 톡톡 터지는 날치알의 식감이 재밌는 김치치즈알밥이에요.
알밥은 마요네즈를 넣어야 더욱 맛있어요.
칼로리는 잠시 잊고 마요네즈를 꼭 넣어주세요!

1인분 ☆

필수 재료 단무지(1), 볶은 김치(2), 밥(1공기), 날치알(2)
선택 재료 마요네즈(1), 김가루(1)
양념 참기름(1)

1 단무지와 볶은 김치는 작게 자르고,

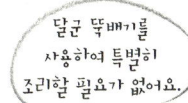

달군 뚝배기를 사용하여 특별히 조리할 필요가 없어요.

2 달군 뚝배기에 참기름(1)을 바르고 밥, 볶은 김치, 단무지를 순서대로 담고,

3 뚝배기가 뜨거울 때 마요네즈(1), 김가루(1), 날치알을 얹어 마무리.

마트에 가면 날치알을 손쉽게 구할 수 있어요.

주먹밥 그리고 밥버거

주먹밥

시판 마요참치를 이용하여 간단하게 주먹밥을 만들어봤어요.
완성한 주먹밥에 밀가루, 달걀, 빵가루를 입혀 튀기면
색다르게 즐길 수도 있어요.

1인분 ☆

필수 재료 밥(1공기), 후리가케(1)
선택 재료 마요참치(1캔)

1 밥에 후리카케(1)를 뿌려 섞고,

2 밥은 둥그렇게 모양을 잡고,

마요참치가 없다면 참치에 마요네즈, 후춧가루를 넣어 섞어서 사용하세요.

3 밥 안에 마요참치를 넣고,

4 둥근 모양을 만들어 마무리.

밥버거

도시락 메뉴로 좋은 밥버거예요.
너비아니 대신 햄, 마요참치 등을 올려 다양하게 만들어보세요.

1인분 ☆ ☆

필수 재료 밥(1공기), 후리가케(1), 김밥용 김(1장), 상추(2장), 시판 너비아니(2장)
선택 재료 단무지(약간), 볶은 김치($\frac{1}{4}$컵), 슬라이스 치즈(1장)

1 밥에 후리카케(1)를 뿌려 섞고,

2 단무지와 볶은 김치는 잘게 다지고,

3 랩 위에 김을 깔고 밥을 두 덩어리로 나눈 뒤 네모나고 납작한 모양으로 만들어 한 덩어리는 김 위에 올리고,

4 밥 위에 상추, 치즈, 구운 너비아니, 볶은 김치, 단무지를 올리고,

5 남은 밥 한 덩어리를 올려 샌드하고,

6 김을 접은 뒤 랩으로 감싸 마무리.

콩나물국 그리고 콩나물비빔밥

콩나물국

콩나물국 끓일 때 뚜껑을 덮어야 할지, 열어야 할지 고민되시죠?
그럴 땐 그냥 뚜껑을 열고 끓여주세요.

2인분 ☆

필수 재료 콩나물(2줌), 대파(약간)
육수재료 멸치(10마리)
양념 국간장(0.5), 다진 마늘(0.5), 소금(0.5)

1 콩나물은 깨끗이 씻고, 대파는 송송 썰어 준비하고,

2 냄비에 물(5컵), 멸치를 넣어 중간 불로 10분간 끓인 뒤 멸치는 건져내고,

3 육수에 콩나물을 넣고 중간 불로 숨이 죽을 때까지 끓이고,

4 대파, 국간장(0.5), 다진 마늘(0.5)을 넣고 부족한 간은 소금(0.5)으로 맞춰 마무리.

콩나물과 함께 송송 썬 김치를 넣으면 김치콩나물국이 됩니다.

콩나물비빔밥

콩나물 한 봉지를 사면 처리하기 참 애매하죠? 그럴 땐 콩나물밥을 추천합니다.
양념장 넣어 쓱쓱 비비면 밥도둑이 따로 없어요.
오래 두고 먹기엔 맛이 변할 수 있으니 한 끼에 먹을 만큼만 하세요.

2인분 ☆ ☆

필수 재료 콩나물(1줌), 쌀(2컵), 물(1⅔컵)
선택 재료 부추(1줌)
양념장 설탕(2) + 고춧가루(1.5) + 간장(3) + 참기름(1) + 참깨(약간)

1 콩나물은 깨끗이 씻어 준비하고,

2 부추는 송송 썰고,

3 전기 밥솥에 쌀과 물(1⅔컵), 콩나물을 넣어 밥을 하고,

4 **양념장**에 송송 썬 부추를 넣어 섞고,

5 그릇에 콩나물밥을 담고 양념장을 곁들여 마무리.

메밀비빔국수 그리고 냉모밀

Spicy Buckwheat Noodles

Cold Buckwheat Noodles

메밀비빔국수

메밀은 찬 성질을 갖고 있어 여름에 먹으면 더욱 좋아요.
겨자를 넣어 톡 쏘는 양념장과 아삭아삭한 채소,
탱탱한 메밀면의 만남은 언제든지 진리입니다.

1인분 ☆ ☆

필수 재료 양파(¼개), 당근(⅓개), 메밀면(1인분), 쌈채소(5장)
양념장 설탕(1) + 고춧가루(2) + 간장(2) + 식초(4) + 물(2) + 다진 마늘(0.5) + 고추장(3) + 물엿(2) + 겨자(0.3) + 참깨(0.5)

1 양파, 당근은 곱게 채 썰고,

2 메밀면은 끓는 물에 넣고 센 불에 4분간 삶아 찬물에 헹구고,

3 그릇에 면, 당근, 양파를 넣고, 쌈채소는 먹기 좋은 크기로 잘라 담고,

4 양념장을 얹어 마무리.

양념장은 미리 만들어 숙성시켜두면 더 맛있어요.

냉모밀

쯔유는 간장, 가쓰오부시, 양파 등을 넣고 오랫동안 끓여 만든 조미간장입니다.
감칠맛이 나서 다양한 요리에 사용하기 편리해요.

1인분 ☆ ☆

필수 재료 메밀면(1인분)
육수 재료 물(4컵), 다시마(2장), 쯔유(4)
고명 재료 무(1토막), 오이($\frac{1}{3}$개), 와사비(0.3)

> 육수를 만들 때 쯔유의 양은 취향껏 조절해서 드세요.

1 냄비에 물(4컵), 다시마를 넣고 10분간 중간 불로 끓여 다시마를 건져내고 쯔유를 섞어 차갑게 식혀 **육수**를 만들고,

2 메밀면은 끓는 물에 넣고 센 불에 4분 정도 삶아 찬물에 헹구고,

3 무는 강판에 갈고,

4 그릇에 메밀면, 육수, 채 썬 오이, 간 무를 담아내고, 취향에 따라 와사비(0.3)를 얹어 마무리.

> 쯔유와 물을 1:2 정도로 희석한 후 삶은 메밀면을 찍어 먹어도 좋아요.

돼지고기덮밥 그리고 돼지고기냉샐러드

Rice topped with pork

Cold pork salad

돼지고기덮밥

두툼한 돼지고기도 좋지만, 전 주로 얇은 돼지고기를 사 먹는 편이에요.
가격도 저렴하고, 냉해동하는 데 시간이 얼마 걸리지 않아 참 좋아요.

1인분 ☆

필수 재료 얇게 슬라이스한 돼지고기(등심 또는 다릿살 150g), 양파(½개), 밥(1공기)
양념장 설탕(0.5) + 간장(2) + 청주(1.5) + 맛술(1.5) + 물(1)

1 **양념장**을 만들고,

2 양파는 얇게 슬라이스하고,

3 달군 팬에 식용유(1)를 둘러 양파를 중간 불로 볶고,

4 양파 숨이 죽으면 고기를 넣어 볶다가 고기가 다 익으면 양념장을 넣어 중간 불로 국물이 없어질 때까지 조리고,

5 그릇에 밥을 담고 고기를 얹어 마무리.

돼지고기냉샐러드

샤브샤브처럼 고기를 끓는 물에 데쳐 기름기를 줄여 만든 샐러드예요.
완성한 샐러드는 폰즈소스에 찍어 먹으면 맛이 두 배가 됩니다.

1인분 ☆

필수 재료 샐러드채소(2줌), 얇게 슬라이스한 돼지고기(등심 또는 다릿살 150g), 청주($\frac{1}{2}$컵)
선택 재료 파프리카($\frac{1}{2}$개), 토마토(1개)
양념 폰즈소스(3)

> 폰즈소스는 짠맛과 상큼한 맛이 나는 간장소스예요. 보통 샤브샤브에 곁들이면 좋아요.

1 샐러드채소는 얼음물에 씻고 체에 밭쳐 물기를 제거하고,

2 파프리카, 토마토는 먹기 좋은 크기로 자르고,

3 고기는 끓는 물(3컵)에 청주를 넣고 고기를 넣어 완전히 익히고,

4 얼음물에 넣어 차갑게 식힌 뒤 체에 밭쳐 물기를 제거하고,

5 접시에 샐러드 채소, 돼지고기를 폰즈소스를 곁들여 마무리.

무깍두기 그리고 어묵뭇국

무깍두기

김치는 어렵게만 생각했었는데, 실제로 만들어보니 생각보다 쉽더라고요.
저렴한 무로 깍두기를 만들어보세요.

2인분 ☆☆

필수 재료 무(2토막), 양파($\frac{1}{2}$개), 마늘(3쪽), 쪽파(1대)
양념 소금(1.3), 고춧가루(4), 액젓(2), 설탕(1.5)

무에서 나온 물은 제거해 주세요.

1 무를 1×1cm 크기로 깍뚝 썰어 소금(1.3)을 뿌린 뒤 10분간 절이고,

2 믹서에 양파, 마늘을 넣고 곱게 갈고,

3 절인 무에 간 양파와 마늘, 고춧가루(4), 액젓(2), 설탕(1.5)을 넣어 버무리고,

완성한 깍두기는 실온에 하루~이틀 정도 두었다가 냉장 보관하세요.

4 송송 썬 쪽파를 넣고 버무려 마무리.

푹 익은 깍두기로 볶음밥을 만들어도 맛있어요.

어묵뭇국

겨울이면 생각나는 어묵뭇국이에요.
깔끔한 국물을 원한다면 약한 불로 오래오래 끓여주세요.
센 불로 끓이면 무끼리 부딪쳐 국물이 탁해질 수 있어요.

2인분 ☆ ☆

필수 재료 어묵(4장), 무(1토막)
국물 가쓰오부시장국(½컵)

1 어묵은 먹기 좋게 자르고,

2 무도 어묵과 비슷한 크기로 깍뚝 썰고,

3 냄비에 물(4컵), 무를 넣어 중간 불로 끓이고,

4 무가 투명하게 익으면 어묵을 넣고 약한 불로 10분 정도 끓이고,

5 가쓰오부시장국(½컵)을 넣어 간한 뒤 한 번 더 끓여 그릇에 담아 마무리.

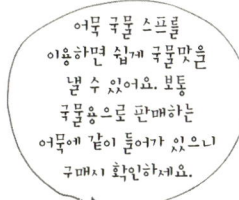

어묵 국물 스프를 이용하면 쉽게 국물맛을 낼 수 있어요. 보통 국물용으로 판매하는 어묵에 같이 들어가 있으니 구매시 확인하세요.

오징어덮밥 그리고 오징어국

Soup of squid

Rice with Squid

오징어덮밥

쫄깃한 오징어와 아삭한 식감이 살아 있는 채소가
한 접시에 담긴 오징어덮밥입니다.
센 불에 빠르게 볶아야 오징어도 질기지 않고, 채소가 아삭해요.

2인분 ☆ ☆ ☆

필수 재료 오징어(1마리), 대파(½대), 당근(½개), 양파(½개), 밥(2공기)
양념장 고춧가루(1) + 설탕(0.5) + 간장(2) + 다진 마늘(0.5) + 고추장(1.5) + 물엿(1) + 참기름(0.5)

1 오징어는 깨끗이 손질하고 몸통에 칼집을 낸 뒤 먹기 좋은 크기로 썰고,

2 대파, 당근, 양파는 오징어와 비슷한 크기로 넓게 채 썰고,

3 **양념장**을 만들어 오징어와 섞고,

4 식용유(1)를 두른 팬에 센 불로 오징어를 1분간 볶고 채소를 넣어 빠르게 2분간 더 볶고,

5 밥에 볶은 오징어를 얹어 마무리.

오징어국

오징어는 오래 끓이면 질겨질 수 있으니 오징어를 넣기 전에 국의 간을 맞추고 오징어를 넣어 끓이는 게 좋아요.

2인분 ☆ ☆

필수 재료 오징어(1마리), 파(1대), 무(1토막), 콩나물(1줌)
양념 고춧가루(1), 된장(0.5), 다진 마늘(0.5), 소금(0.5)

1 손질한 오징어, 파, 무는 먹기 좋은 크기로 자르고,

2 콩나물은 깨끗이 씻어 물기를 제거하고,

3 냄비에 물(5컵), 무를 넣고 중간 불로 끓이고

4 팔팔 끓으면 고춧가루(1), 된장(0.5), 다진 마늘(0.5)을 넣어 끓이고,

5 무가 투명해지면 콩나물, 파를 넣고 끓이다가 소금(0.5)으로 간한 뒤 오징어를 넣어 한 번 더 끓여 마무리.

시래기된장국 그리고 시래기솥밥

Dried radish greens Steamed Rice

Dried radish Soybean Paste Soup

시래기된장국

시래기 된장국에서 포인트는 고춧가루를 넣는 거예요.
된장 요리에는 고추장이나 고춧가루가 들어가야 텁텁하지도 않고,
매콤해서 더욱 맛있어요.

2인분 ☆

필수 재료 불린 시래기(1컵), 쌀뜨물(4컵), 멸치(5마리)
양념 고춧가루(0.5), 다진 마늘(0.5), 된장(1)

시중에서 파는 포장된 시래기를 사용하면 간편하게 요리할 수 있어요.

1 불린 시래기는 먹기 좋은 크기로 썰고,

2 시래기, 고춧가루(0.5), 다진 마늘(0.5), 된장(1)을 넣어 섞고,

간이 부족할 땐 소금을 약간 넣으세요.

3 냄비에 쌀뜨물(3컵), 양념한 시래기, 멸치를 넣고 약한 불에서 20분 정도 끓여 마무리.

시래기솥밥

요즘은 마트에서도 불린 시래기를 쉽게 찾을 수 있어요.
시래기를 사다가 솥밥을 만들어보세요. 밥 도둑이 따로 없어요.

2인분 ☆ ☆ ☆

필수 재료 불린 시래기(1½컵), 불린 쌀(2½컵)
양념 들기름(1), 국간장(0.5)

1 불린 시래기는 잘게 썰어 들기름(1), 국간장(0.5)을 넣어 섞고,

2 냄비에 불린 쌀, 양념한 시래기, 물(2컵)을 넣고 중간 불에서 끓기 시작하면 약한 불로 줄여 15~20분 정도 끓이고,

3 불을 끄고 10분간 뜸을 들여 마무리.

부추양념장

영양부추 특유의 슴슴하고 아삭한 식감이 시래기밥의 맛을 더욱 살려줘요.
이 양념장은 콩나물밥, 김치밥, 버섯밥 등에 두루두루 사용하면 좋아요.

필수 재료
영양부추(1줌)

양념
고춧가루(0.3), 간장(3), 참기름(1), 참깨(0.3)

1 잘 씻은 영양부추를 송송 잘게 썰고 **양념**을 넣어 골고루 섞어 마무리.

리코타치즈 카나페 그리고 리코타치즈 오픈샌드위치

Ricotta cheese Sandwich

Ricotta cheese Canape

리코타치즈

리코타치즈는 보통 우유로만 만들지만, 생크림을 넣어 더욱 깊고 고소한 맛을 냈어요. 식초, 레몬즙, 소금을 레시피대로 넣으면 산미가 가미되어 크림치즈와 비슷한 맛이 난답니다.

필수 재료 우유(1팩=1000㎖), 생크림(1팩=500㎖)
양념 식초(2), 레몬즙($\frac{1}{4}$컵), 소금(0.5)

1 냄비에 우유, 생크림을 부어 약한 불로 끓이고.

2 가장자리에 거품이 조금씩 올라오기 시작하면 식초(2), 레몬즙($\frac{1}{4}$컵), 소금(0.5)을 섞은 뒤 30분 정도 약한 불에서 은근하게 끓이고,

3 면포에 밭쳐 물기를 빼고 냉장 보관하여 마무리.

리코타치즈카나페

친구들이 집에 놀러 왔을 때 간단하게 만들 수 있는 메뉴예요. 리코타치즈, 과일 외에도 집에 있는 재료로 다양하게 만들 수 있어요.

1인분 ☆

필수 재료 크래커(1팩), 리코타치즈(8)
선택 재료 복숭아($\frac{1}{2}$개), 무화과($\frac{1}{2}$개), 꿀(1)

1 과일은 등분하여 적당한 크기로 자르고.

2 크래커에 리코타치즈(8)를 바르고.

3 과일과 꿀을 올려 마무리.

리코타치즈오픈샌드위치

보통 리코타치즈로는 샐러드를 많이 만들죠.
샌드위치에 사용해도 정말 맛있어요.

2인분 ☆

필수 재료 치아바타 빵(1개), 양파($\frac{1}{4}$개), 리코타치즈(3), 훈제연어(4줄)
선택 재료 케이퍼(10알), 어린잎채소(약간)
양념 소금(약간), 후춧가루(약간)

1 달군 팬에 빵을 올려 겉이 노릇해질 때까지 굽고,

치아바타 빵은 2등분하여 사용하세요

2 양파는 얇게 슬라이스하여 찬물에 담가 매운맛을 뺀 뒤 물기를 제거하고,

3 구운 빵 위에 리코타치즈(3)를 바르고,

4 훈제연어를 올려 소금(약간), 후춧가루(약간)를 뿌리고 취향에 따라 양파, 케이퍼, 손질한 어린잎채소를 올려 마무리.

연어덮밥 그리고 연어스테이크

Rice topped with salmon

Salmon Steak

연어덮밥

돈부리 소스를 이용한 연어덮밥입니다.
이 소스는 일본식 덮밥 요리에 두루두루 사용할 수 있어요.

1인분 ☆

필수 재료 연어(1토막=75g), 밥(1공기)
선택 재료 양파($\frac{1}{2}$개), 무순(약간), 와사비(약간)
소스(2인분 분량) 양파($\frac{1}{2}$개), 간장(5), 물(5), 설탕(2), 마늘(1쪽)

1. 양파는 얇게 슬라이스하여 찬물에 담가 매운맛을 제거하고,

2. 냄비에 **소스** 재료를 넣고 양파가 흐물흐물해질 때까지 약한 불로 끓여 체에 걸러 소스를 만들고,

3. 연어는 먹기 좋은 크기로 두툼하게 썰고,

4. 그릇에 밥, 소스(4), 양파, 연어를 올리고 취향에 따라 와사비, 무순을 곁들여 마무리.

연어스테이크

처음 연어스테이크를 먹었을 땐, 명절에 먹는 생선전 느낌이었는데요.
지금은 없어서 못 먹을 정도네요.
연어는 완전히 익히면 맛이 떨어지니 굽기는 미디엄 정도가 좋아요.

1인분 ☆☆

필수 재료 스테이크용 연어(1조각), 어린잎채소($\frac{1}{2}$줌), 버터(2), 올리브유(2)
밑간 소금(약간), 후춧가루(약간)
소스 마요네즈(2) + 간장(0.5)

1 스테이크용 연어는 소금, 후춧가루를 뿌려 **밑간**하고,

2 달군 팬에 버터(2), 올리브유(2)를 넣어 중간 불로 녹이고,

중간중간 버터, 오일을 연어에 끼얹어 가며 겉면을 바삭하게 구워요.

3 연어를 올려 중간 불로 노릇하게 앞뒤로 굽고,

4 접시에 연어와 채소를 담아 **소스**를 얹어 마무리.

팬스테이크비빔밥

고기만 먹다 보면 아쉬울 때가 있죠?
그래서 스테이크와 비빔밥을 하나로 합쳐봤어요.

2인분 ☆

필수 재료 쇠고기 등심(1덩어리=200g), 파프리카(¼개), 통조림 옥수수(2), 시금치(1줌), 밥(1공기)
선택 재료 로즈마리(1줄기), 달걀(1개)
양념 올리브유(1), 소금(약간), 후춧가루(약간)
양념장 고추장(2) + 마요네즈(0.5) + 물엿(0.5) + 참기름(0.5) + 참깨(약간)

1 등심은 깍두기 모양으로 자른 후 **양념**, 로즈마리를 뿌려 30분간 재우고,

2 파프리카는 옥수수 크기로 자르고, 옥수수는 체에 밭쳐 물기를 제거하고,

3 달군 무쇠 팬에 식용유(1)를 둘러 재운 등심의 곁면이 노릇하게 센 불로 굽고,

달걀은 프라이해 올려주세요.

4 팬에 밥, 손질한 시금치, 옥수수, 파프리카, 달걀을 올리고 **양념장**을 곁들여 마무리.

뜨거울 때 비벼 먹어야 맛있어요.

찹스테이크

칼질이 필요없는 찹스테이크예요.
고기와 채소가 먹기 좋게 잘려있으니 포크만 준비하세요.

2인분 ☆ ☆

필수 재료 피망($\frac{1}{2}$개), 파프리카($\frac{1}{2}$개), 양파($\frac{1}{4}$개), 쇠고기 등심(1덩어리=200g)
양념 소금(약간), 후춧가루(약간)
소스 스테이크소스(3), 케첩(0.5)

1 피망, 파프리카, 양파, 쇠고기는 먹기 좋은 크기로 자르고,

2 식용유(1) 두른 팬에 손질한 채소를 볶아 꺼내고,

3 고기는 팬에 센 불로 볶다가 소금(약간), 후춧가루(약간)를 뿌려 간하고 겉면이 노릇하게 익으면 볶아둔 채소를 넣어 함께 볶고,

4 소스를 넣고 볶아 마무리.

베이컨달걀컵 그리고 미니양배추 베이컨볶음

Bacon egg cup

Fried bacon and Cabbage

베이컨달걀컵

베이컨 바구니 안에 식빵과 달걀이 들어가 있어 브런치로 좋은 메뉴예요.

6개 분량 ☆ ☆

필수 재료 베이컨(6줄), 식빵(2장), 달걀(6개)
양념 소금(약간), 후춧가루(약간)

1 베이컨은 2등분해 자르고,

2 식빵은 4등분한 뒤 머핀 틀 모양에 맞게 자르고,

3 머핀틀에 베이컨을 교차해 얹고, 식빵조각, 달걀순으로 넣고,

4 소금, 후춧가루를 뿌려 간을 하고,

5 175℃로 예열한 오븐에 15분간 구워 마무리.

> 오븐의 온도와 시간은 사용하는 제품에 따라 달라질 수 있어요.

미니양배추베이컨볶음

미니양배추 또는 브뤼셀 스프라우트라고 부르는 미니 양배추는
보통 양배추보다 단맛이 강해서 볶음류에 잘 어울려요.

1인분 ☆

필수 재료 미니양배추(7개), 베이컨(2줄)
양념 후춧가루(약간)

1 미니양배추는 반으로 자르고,

2 베이컨은 1㎝ 크기로 자르고,

베이컨에서 기름이
나와 식용유를 두를
필요 없어요.

3 중간 불로 달군 팬에
베이컨을 넣어 노릇하게
볶고,

4 미니양배추를 넣어 2분 정도
볶다가 후춧가루를 뿌려
마무리.

미트볼스파게티 그리고 미트볼핫도그

Meatball Pasta

Meatball Hotdog

미트볼 스파게티

스파게티 만들 때 시판 토마토소스만 넣어도 맛있지만 미트볼을 넣으면 더욱 고급스러운 맛을 낼 수 있어요.

1인분 ☆ ☆ ☆

필수 재료 돼지고기 간 것(100g), 쇠고기 간 것(100g), 다진 양파(½ 컵), 빵가루(3), 스파게티면(1줌)

양념 소금(약간 + 1), 후춧가루(약간), 다진 마늘(1), 시판 토마토소스(1컵)

1 팬에 식용유(1)를 두르고 다진 양파를 중약 불에서 투명해질 때까지 볶아 꺼내고,

2 볶은 양파, 돼지고기, 쇠고기, 빵가루, 소금, 후춧가루를 넣고 치대 동그랗게 빚고,

3 식용유(2)를 두른 팬에 미트볼을 중약 불로 노릇하게 구워 꺼내고,

스파게티 삶은 물을 조금씩 넣어도 좋아요.

스파게티와 면을 함께 볶아 담아내도 좋아요.

4 냄비에 물(2ℓ), 소금(1)을 넣고 끓으면 스파게티면을 넣어 중간 불에 9분간 삶아 건지고,

5 팬에 식용유(1)와 다진 마늘(1)을 넣고 30초간 볶다가 토마토소스(1컵) 구운 미트볼을 넣어 섞고,

6 삶은 스파게티를 그릇에 담고 미트볼과 소스를 얹어 마무리.

미트볼핫도그

미트볼 스파게티를 하고 남은 미트볼이 있다면 핫도그를 만들어 보세요.
비주얼만 봐도 느껴지는 맛~ 정말 맛있어요.

2인분

필수 재료 미트볼(8개), 핫도그빵(2개), 모차렐라치즈($\frac{1}{2}$컵)
양념 시판 스파게티소스($\frac{1}{2}$컵)

1 팬에 구운 미트볼, 시판 스파게티소스($\frac{1}{2}$컵)를 넣어 3분간 중간 불에서 볶고,

2 핫도그빵에 미트볼을 올리고,

3 모차렐라치즈를 뿌리고,

4 예열한 오븐 또는 전자레인지에 치즈를 녹여 마무리.

레토르트 미트볼 제품을 사용해도 좋아요.

해물토마토빠에야
그리고 바지락수제비

Paella

Manila clam Sujebi

해물토마토빠에야

본래 빠에야는 전용팬과 샤프란 등이 필요하지만,
누구나 만들 수 있도록 토마토소스와 카레가루로 만들었어요.
타지 않도록 은은한 불에서 오래 익혀주세요.

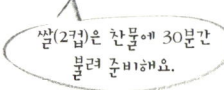

2인분 ☆☆☆

필수 재료 불린 쌀(2컵), 바지락(1컵)

> 쌀(2컵)은 찬물에 30분간 불려 준비해요.

선택 재료 냉동 해물믹스(1컵)
양념 다진 마늘(1), 카레가루(2), 토마토소스(1컵), 청주($\frac{1}{2}$컵), 소금(약간), 후춧가루(약간)

1 팬에 식용유(2), 다진 마늘(1), 카레가루(2)를 넣어 약한 불에서 40초간 볶고,

2 불린 쌀을 넣어 약한 불에서 쌀이 투명해질 때까지 5~10분 더 볶고,

3 바지락과 냉동 해물믹스를 넣어 1분간 약한 불로 볶은 뒤 토마토소스(1컵), 물(1컵), 청주($\frac{1}{2}$컵)를 넣어 잘 섞고,

4 소금, 후춧가루로 간한 뒤 뚜껑을 덮어 20분간 약한 불로 익혀 마무리.

> 바지락 해감법 (2컵 분량)
> 넓은 볼에 물(5컵)과 소금(2)을 넣고 녹을 때까지 저어준 뒤 바지락을 넣어요. 쿠킹포일로 잘 감싼 다음 젓가락으로 콕콕 구멍 2개를 뚫어 냉장고에 2시간 정도 두어요.

바지락 수제비

1+1 세일하길래 집어온 바지락으로 간단하게 수제비를 만들어봤어요.
시원하고 칼칼한 국물이 아주 좋아요.

1인분 ☆ ☆

수제비 반죽 밀가루(1컵) + 물($\frac{1}{3}$컵) + 소금(약간)
필수 재료 부추(약간), 바지락(1컵)
선택 재료 청양고추($\frac{1}{2}$개)
육수 재료 물 또는 멸치육수(2$\frac{1}{2}$컵), 소금(0.3)

부추 대신 쪽파를 사용해도 돼요.

1 볼에 **수제비 반죽** 재료를 넣어 하나로 뭉쳐질 때까지 치댄 뒤 비닐을 씌워 실온에 20분간 숙성하고,

2 청양고추는 송송 썰고, 부추는 2cm로 썰고,

3 냄비에 바지락, 물(2$\frac{1}{2}$컵)을 넣어 중약 불에서 5분간 끓이고,

4 바지락이 입을 벌리면 반죽을 조금씩 떼어 넣고,

5 반죽이 투명해지면 소금(0.3)으로 간한 뒤 청양고추, 부추를 넣어 마무리.

양파컵수프 그리고 양파초절임

Onion Soup

Onion Pickle

양파 컵수프

비 내리는 쌀쌀한 아침에는 따뜻한 수프가 생각나죠.
간단하게 만든 양파수프에 먹다 남은 식빵 한 조각과 치즈를 올려
전자레인지에 돌리면 맛있고 따뜻한 컵수프가 완성됩니다.

1인분 ☆

필수 재료 양파(1개)
선택 재료 식빵(1개), 모차렐라 치즈(⅓컵)
양념 버터(1), 치킨스톡(⅓개) 또는 다시다(0.3), 후춧가루(약간)

1 양파는 곱게 채 썰고,

2 버터(1)를 녹인 냄비에 채 썬 양파를 넣어 중간 불로 양파색이 변할 때까지 볶고,

3 물(1컵), 치킨스톡(⅓개)을 넣고 중간 불로 3분간 끓이고,

4 컵에 담고 후춧가루, 빵, 치즈를 올린 후 전자레인지에 1분간 돌려 마무리.

양파초절임

쉽게 만들어 쉽게 먹을 수 있는 초절임은 여름에 없어서는 안 될 반찬이죠.
반찬으로도 좋고, 양념장으로 전이나 튀김을 찍어 먹어도 좋아요.

4인분

필수 재료 양파(4개)
선택 재료 청양고추(2개)
절임장 간장(1½컵), 설탕(1컵), 식초(1.5컵), 물(2컵)

1 청양고추는 송송 썰고, 양파는 큼직하게 썰고,

2 유리 용기에 양파, 고추를 가득 담고,

3 냄비에 **절임장** 재료를 넣어 센 불에서 5분간 끓인 뒤 용기에 부어 한 김 식히고,

4 뚜껑을 닫아 실온에 2일간 둔 후 냉장 보관하여 마무리.

Corn soup

Corn cheese

옥수수수프

아침에 후루룩 마시기 좋은 옥수수수프예요.
이 방법이 어렵다면 시판 크림수프에 옥수수를 넣어 만들어도 좋아요.

1인분 ☆

필수 재료 양파(½개), 통조림 옥수수(1컵), 우유(2컵)
양념 버터(1), 소금(약간), 후춧가루(약간)

1 냄비에 다진 양파와 버터(1)를 넣어 중간 불에서 양파가 투명해질 때까지 1분 정도 볶고,

2 옥수수, 우유를 넣고 약한 불에서 10분 정도 끓여 수프를 만들고,

3 끓인 수프를 핸드믹서로 곱게 간 후 체로 거르고,

4 소금, 후춧가루로 간해 마무리.

시판 크림수프에 옥수수를 넣어 간단하게 만들어도 좋아요.

식빵크루통

수프와 함께 먹기 좋은 크루통이에요.

1인분 ☆

필수 재료 식빵(2장)
양념 버터(1)

샌드위치를 만들고 남은 식빵 가장자리를 이용해도 좋아요.

1 식빵은 깍둑 썰고,

2 버터(1)를 두른 팬에 올려 약한 불로 노릇하게 볶아 마무리.

콘치즈

콘치즈 만들 땐 칼로리는 생각하지 마세요.
치즈, 마요네즈, 설탕이 듬뿍 들어가야
더욱 맛있어요.

1인분 ☆

필수 재료 옥수수(1컵), 버터(1), 모차렐라치즈($\frac{1}{2}$컵)
양념 마요네즈(1), 설탕(0.5), 소금(약간), 후춧가루(약간)

1 그릇에 옥수수와 **양념**을 넣어 섞고,

2 버터(1)를 녹인 팬에 양념한 옥수수, 모차렐라치즈를 올려 뚜껑을 닫고 약한 불로 치즈를 녹여 마무리.

구운채소샌드위치
그리고 구운채소라자냐

Roast vegetable Sandwich

Roast vegetable Lasagna

구운채소샌드위치

구운 채소에 씨겨자 소스를 발라 샌드위치를 만들어보세요.
몸에도 좋고 맛도 담백하답니다.

1인분 ☆

필수 재료 가지(⅓개), 호박(⅓개), 토마토(½개), 식빵(2장)
양념 올리브유(약간), 씨겨자(1)

취향에 따라 소금, 후춧가루로 간하세요.

1 가지, 호박은 길게 슬라이스하여 올리브유를 뿌리고, 토마토는 슬라이스하고,

2 그릴팬에 빵, 가지, 호박을 중간 불에서 구워 그릴자국을 내고,

3 빵 위에 씨겨자(1)를 바르고,

4 토마토와 구운 가지, 호박을 올려 샌드해 마무리.

가지, 호박뿐만 아니라 파프리카, 버섯 등 자투리 채소를 이용해도 좋아요.

구운채소라자냐

넙적한 라자냐 면과 소스를 켜켜이 쌓아 만드는
라자냐에 구운채소를 넣어 만들었어요.
라자냐만 먹는 것보다 식감과 맛이 풍부해서 더욱 좋아요.

2인분 ☆ ☆ ☆

필수 재료 가지(1개), 호박(1개), 라자냐(4장), 모차렐라치즈(1컵)
양념 시판 크림소스($\frac{1}{2}$컵), 시판 토마토소스($\frac{1}{2}$컵)
밑간 소금(약간), 후춧가루(약간), 올리브유(약간)

1 가지, 호박은 길게 슬라이스 하여 **밑간**하고,

2 그릴팬에 가지, 호박을 구워 그릴자국을 내고,

3 끓는 물에 소금(0.5)을 넣고 라자냐를 넣어 10분간 중간 불에서 익히고,

4 익힌 라자냐를 건져 달라붙지 않도록 올리브유(2)를 바르고,

5 오븐용 그릇에 라자냐, 크림소스($\frac{1}{2}$컵), 구운채소, 토마토소스($\frac{1}{2}$컵)를 켜켜이 담아 모차렐라치즈를 뿌리고,

6 200℃로 예열한 오븐에 15분간 구워 마무리.

사과절임토스트 그리고 사과주스 & 그린스무디

Apple Toast

Apple Juice
Green Smoothie

사과절임토스트

토스트 위에 버터나 잼을 발라도 좋지만,
사과절임을 올려 먹으면 더욱 맛있더라고요.
사과 대신 천도복숭아를 이용해도 좋아요.

2인분 ☆ ☆

필수 재료 사과(2개), 식빵(2개)
양념 설탕($\frac{1}{2}$컵), 계핏가루(약간)

1 사과는 껍질, 씨를 제거한 후 슬라이스하고.

2 냄비에 설탕($\frac{1}{2}$컵), 사과를 넣어 사과가 캐러멜색으로 변할 때까지 약한 불에서 조리고.

3 식빵 위에 사과절임을 올리고 계핏가루를 뿌려 마무리.

사과주스 & 그린스무디

멍들고, 퍽퍽해진 사과가 있다면 믹서에 넣고 갈아보세요.
사과만 갈아도 좋고 시금치와 바나나를 섞어 다이어트에 좋은
그린 스무디를 만들어서 먹어도 좋아요

1인분 ☆

사과주스 재료 사과(1개), 요구르트(1개)
그린스무디 재료 사과($\frac{1}{2}$개), 시금치($\frac{1}{2}$줌), 바나나($\frac{1}{2}$개), 아몬드 우유(1팩=180㎖)

사과주스

1 사과는 껍질, 씨를 제거하여 4등분하고,

2 믹서에 사과, 요구르트를 넣어 곱게 갈아 마무리.

그린스무디

1 사과는 껍질, 씨를 제거해 4등분하고,

2 믹서에 손질한 사과, 시금치, 바나나, 아몬드 우유를 넣고,

3 곱게 갈아 마무리.

미역냉국, 미역무침 그리고 미역국

Cold Seaweed Soup

Seasoned Seaweed

Seaweed Soup

미역냉국

여름에는 뜨거운 국이 아닌 시원한 냉국이 생각나죠?
미역과 오이 두 가지 모두 사용해서 만들었는데요.
취향에 따라 하나만 사용해도 되고, 다른 채소를 넣어도 된답니다.

2인분 ☆ ☆

필수 재료 미역(½컵)
선택 재료 붉은 고추(1개), 오이(½개), 참깨(약간)
국물양념장 설탕(4) + 소금(1) + 생수(4컵) + 식초(6)

1 미역은 찬물에 30분 정도 불리고,

2 끓는 물(4컵)에 살짝 데쳐 찬물에 헹구고,

3 붉은 고추, 오이는 채 썰고,

4 그릇에 미역, 오이, 붉은 고추, 참깨를 넣고 차게 보관한 **국물양념장**을 부어 마무리.

얼음을 넣을 경우 간을 조금 세게 하세요.

미역무침

미역을 불리다 보면 양이 많아져서 낭패를 보는 일이 많죠.
불린 미역이 있다면 미역무침을 만들어보세요.
초고추장을 이용해서 정말 간단해요.

2인분 ☆

필수 재료 미역($\frac{1}{2}$컵), 오이($\frac{1}{2}$개), 양파($\frac{1}{4}$개)
양념 초고추장(3), 참기름(0.5), 참깨(약간)

1 미역은 30분 정도 불린 뒤 끓는 물(4컵)에 살짝 데쳐 찬물에 헹구고,

2 오이, 양파는 먹기 좋은 크기로 채 썰고,

3 그릇에 미역, 양파, 오이, 초고추장(3), 참기름(0.5), 참깨를 넣고 버무려 마무리.

미역국

아무것도 없이 미역을 참기름에 볶아 맛을 냈어요.
재료가 있다면 쇠고기, 홍합, 조갯살 등을 넣어보세요.
더욱 맛있어요.

2인분 ☆

필수 재료 미역($\frac{1}{2}$컵)
양념 참기름(3), 다진 마늘(0.5), 국간장(1), 소금(약간)

1 미역은 찬물에 30분 정도 불린 뒤 냄비에 넣어 참기름(3)과 함께 중간 불에서 1분 정도 볶고,

2 냄비에 물(4컵)을 넣고 중간 불에서 끓기 시작하면 다진 마늘(0.5), 국간장(1)을 넣어 중약 불에서 20분간 더 끓이고,

3 부족한 간은 소금으로 간하여 마무리.

굴소스볶음밥
그리고 어묵굴소스볶음

fried rice with oyster sauce

fried fish cake with oyster sauce

굴소스볶음밥

굴소스는 볶음밥부터 반찬까지 볶음요리에 참 잘 어울리는 소스예요.
오늘 저녁은 간단하게 볶음밥 어떠세요?

1인분 ☆

필수 재료 냉동 채소믹스($\frac{1}{2}$컵), 밥(1공기)
선택 재료 스팸($\frac{1}{4}$개=50g)
양념 굴소스(1), 후춧가루(약간)

1 달군 팬에 식용유(1)를 두르고 냉동 채소믹스를 넣어 중약 불에서 1분간 볶고,

2 작게 깍둑 썬 스팸을 중약 불에 1분간 볶고,

3 밥을 넣은 뒤 주걱으로 채소가 잘 섞이도록 저어주며 중약 불에서 3분간 볶고,

4 굴소스(1), 후춧가루를 넣어 마무리.

시판용 채소믹스를 사용하면 볶음밥도 간단하게 만들 수 있어요.

어묵굴소스볶음

반찬이 참 쉬우면서 어렵죠?
굴소스만 있다면 볶음 반찬을 간단하게 만들 수 있어요.

2인분 ☆

필수 재료 어묵(5장), 당근(½개), 양파(½개)
양념 굴소스(1), 물(2), 후춧가루(약간), 고춧가루(0.3)

1 어묵은 먹기 좋게 자르고,

2 당근, 양파는 어묵과 비슷한 크기로 썰고,

3 식용유(2)를 두른 팬에 어묵, 당근, 양파를 넣어 중약 불에 볶고,

4 채소가 반쯤 익으면 굴소스(1), 물(2)을 넣고 다시 중약 불에 3분간 볶고,

5 후춧가루, 고춧가루(0.3)를 넣어 마무리.

통양배추고기찜 그리고 양배추생채

Steamed cabbage meat

Spicy Cabbage Salad

통양배추고기찜

양배추의 모양을 그대로 살려 만든 양배추 고기찜이에요.
양배추를 푸욱 끓여 부드럽게 만들어 드세요.

1인분 ☆

필수 재료 통양배추(½통), 샤브샤브용 쇠고기(100g)
선택 재료 당근(½개)
양념 소금(약간), 후춧가루(약간)
가쓰오부시 육수 물(2컵), 가쓰오부시장국(½컵), 청주(½컵)

1 당근은 길쭉하게 잘라 준비하고,

2 양배추는 심지 부분을 자른 뒤 잎 사이사이에 고기를 넣고,

3 식용유(2)를 두른 팬에 고기를 넣은 양배추의 단면을 노릇하게 굽고,

4 냄비에 **가쓰오부시 육수** 재료와 구운 양배추, 당근을 넣고 약한 불로 끓여 양배추가 투명하게 익으면 소금, 후춧가루를 뿌려 마무리.

양배추생채

양배추를 채 썰어 생채를 만들었어요.
이 레시피를 응용하여 무생채를 만들어도 맛있어요.

2인분 ☆

필수 재료 양배추(⅛통)
선택 재료 송송 썬 쪽파(약간)
양념 소금(0.4), 고춧가루(2), 설탕(1), 참기름(1), 식초(0.5), 다진 마늘(0.5), 참깨(약간)

1 양배추는 심지 부분을 제거하고,

2 2mm 두께로 채 썰고,

3 채 썬 양배추에 소금(0.4)을 뿌려 10분간 재우고,

4 숨이 죽은 양배추에 소금을 제외한 **양념**과 쪽파를 넣고 버무려 마무리.

연근조림, 연근치즈구이 그리고 연근칩

Lotus root boiled in soy sauce

Grilled Lotus root with cheese

Lotus root chip

연근조림

마트에서 쉽게 구할 수 있는 손질한 연근을 사다가 조림을 만들었어요.
연근을 미리 삶은 후 양념을 하면 더욱 편리해요.

2인분 ☆ ☆

필수 재료 연근(2토막)
식촛물 물(2컵), 식초(1)
조림장 물엿(5), 간장(5), 청주(1)
양념 참기름(약간), 참깨(약간)

1 연근은 3~4mm 두께로 슬라이스하고,

2 냄비에 연근, **식촛물**를 넣고 약한 불에서 20분 정도 끓이고,

3 물을 따라내고 식용유(1)를 넣고 2분 정도 볶다가 **조림장** 재료를 넣고 국물이 없어질 때까지 약한 불로 조리고,

4 참기름, 참깨를 넣고 마무리.

마트에서 손질한 연근을 사면 간편하게 요리할 수 있어요.

연근치즈구이

짭짤한 모차렐라치즈와 아삭한 연근이 만나 새로운 주전부리가 되었어요. 치즈가 들어가 소금을 뿌리지 않아도 되고, 팬에 기름을 두르지 않아도 되는 간단한 요리예요.

1인분 ☆

필수 재료 연근(1토막), 모차렐라치즈(1컵)
식촛물 물(2컵), 식초(1)

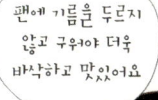

팬에 기름을 두르지 않고 구워야 더욱 바삭하고 맛있어요

1 연근은 2mm 두께로 슬라이스하고,

2 **식촛물**에 10분간 담갔다 키친타월에 올려 물기를 제거하고,

3 팬에 연근을 올리고 모차렐라치즈를 조금씩 얹어 앞뒤로 노릇해질때까지 약한 불에 구워 마무리.

연근칩

얇게 슬라이스한 연근을 기름에 튀겨보세요. 연근의 모양과 맛을 그대로 살려 더욱 맛있어요.

1인분 ☆

필수 재료 연근(1토막), 식용유(1)
식촛물 물(2컵), 식초(1)

1 연근을 2mm 두께로 슬라이스하고,

2 **식촛물**에 10분간 담갔다 키친타월에 올려 물기를 제거하고,

3 중간 불로 예열한 식용유(1컵)에 연근을 넣어 노릇할 때까지 튀겨 마무리.

주키니피자 그리고 주키니사과 리본샐러드

 Zucchini pizza

 Zucchini and apple ribbon salad

주키니피자

애호박과 비슷한 주키니는 크기도 크고, 단단하여
요리에 사용하기 무척 편리해요.
크기에 비해 가격도 저렴한 편이라 자주 사용하는 식재료랍니다.

2인분 ☆☆

필수 재료 주키니($\frac{1}{2}$개), 다진 햄($\frac{1}{4}$컵), 통조림 옥수수($\frac{1}{4}$컵),
모차렐라치즈($\frac{1}{2}$컵)
양념 시판 토마토소스(2)

1 주키니는 세로로 자른 후 가운데 속을 파내고,

2 파낸 주키니에 다진 햄, 옥수수를 채우고,

3 토마토소스(2), 모차렐라치즈를 뿌리고,

4 180℃로 예열한 오븐에 20분간 구워 마무리.

주키니사과리본샐러드

주키니를 필러로 얇게 저며 썬 샐러드는 식감이 매우 재밌어요.
주키니를 좋아하지 않는다면 오이를 사용하여
샐러드를 만들어도 좋아요.

2인분 ☆

필수 재료 주키니(1개), 사과($\frac{1}{2}$개), 파르메산치즈(1)
양념 소금(0.3)
드레싱 올리브유(3), 레몬즙(1), 후춧가루(약간), 소금(약간)

1 주키니는 필러로 얇고 길게 깎고,

2 소금(0.3)을 뿌려 10분간 절인 뒤 수분을 가볍게 털고,

3 사과는 씨부분을 제거해 얇게 슬라이스하고,

4 그릇에 주키니, 사과를 담고 **드레싱** 재료를 섞은 후 파르메산치즈를 뿌려 마무리.

Tomato Mushroom Curry

Curry Udon

토마토버섯카레

저는 카레 만들 때 잊지 않고 넣는 게 바로 토마토랍니다.
토마토의 신맛은 날아가고, 감칠맛만 남아 맛있는 카레가 됩니다.
토마토가 없다면 소량의 케첩을 사용해도 좋아요.

2인분 ☆ ☆

필수 재료 느타리버섯(1컵), 새송이버섯(1개), 양송이버섯(5개),
양파(1개), 토마토 (작은것, 1개),
양념 소금(약간), 후춧가루(약간), 다진 마늘(0.5), 고형 카레(2조각=2인분)

1 버섯은 먹기 좋은 크기로 자르고,

2 식용유(2)를 두른 팬에 버섯을 넣고 소금, 후추를 넣어 숨이 살짝 죽을 때까지 중간 불로 볶고,

3 양파, 토마토는 곱게 다지고,

입맛에 따라 소금, 후춧가루로 간을 해요.

4 냄비에 식용유(1), 다진마늘(0.5)을 넣고 중약 불로 30초 정도 볶다가 양파, 토마토 순으로 넣어 양파가 투명해질 때까지 볶고,

5 물(2½ 컵)을 부어 중약 불로 20분 정도 끓이고,

6 볶은 버섯, 고형 카레를 풀어 5분간 끓여 마무리.

카레우동

이상하게 바로 끓여 먹는 카레보다 냉장고에
하루이틀 숙성시킨 카레가 더 맛있는 것 같아요.
남은 카레를 그냥 먹기 심심하다면 카레우동을 만들어보세요.

1인분 ☆

필수 재료 우동면(1개), 카레(1$\frac{1}{2}$컵), 물($\frac{1}{4}$컵)

1 우동면은 끓는 물(3컵)에 면이 풀어질 때까지 중간 불로 끓이고,

2 팬에 만들어 둔 카레(1$\frac{1}{2}$컵), 물($\frac{1}{4}$컵)을 넣어 중간 불로 따뜻하게 데우고,

3 데친 우동을 넣어 중간 불로 끓이고,

4 우동면에 카레 맛이 들면 그릇에 담아 마무리.

a bowl of rice topped with char siu

Char siu Ramen

차슈덮밥

차슈라고 하면 어렵게만 느껴질 텐데, 간장양념에
통삼겹살을 계속 졸이기만 하면 되는 요리예요.
개운한 맛이 나는 파채, 양파, 무싹 등과 함께하면 더욱 좋아요.

2인분 ☆ ☆

필수 재료 통삼겹살(2덩어리=600g), 대파(흰 부분, 2대), 양파(1개), 마늘(6~8쪽), 밥(2공기)
선택 재료 대파채($\frac{1}{2}$컵)
밑간 소금(약간), 후춧가루(약간)
조림장 물(3컵), 간장(1컵), 설탕($\frac{1}{2}$컵), 맛술($\frac{1}{4}$컵), 청주($\frac{3}{8}$컵)

1 통삼겹살에 소금, 후춧가루를 뿌려 **밑간**하고,

2 달군 팬에 식용유(2)를 두르고 통삼겹살을 넣어 겉면이 노릇하게 중약 불로 굽고,

처음엔 센 불에 올렸다가 끓기 시작하면 중약 불로 줄여주세요.

3 냄비에 **조림장**과 구운 통삼겹살, 대파, 양파, 마늘을 넣고 40분간 조리고,

4 국물이 거의 졸아들면 고기를 꺼내 먹기 좋은 크기로 자르고,

5 남은 국물은 체에 걸러 다시 한 번 약한 불로 졸여 걸쭉한 소스를 만들고,

6 대파채는 찬물에 담갔다 건져 물기를 제거하고 그릇에 밥, 고기, 파채, 소스를 얹어 마무리.

차슈라면

덮밥을 하고 애매하게 남은 차슈가 있다면,
라면 위에 고명으로 올려보세요.
라면의 맛과 비주얼이 라면 전문점 못지않아요.

1인분 ☆

필수 재료 라면(1봉지), 차슈(3~4점)
선택 재료 쪽파(1대), 삶은 달걀($\frac{1}{2}$개)

1 냄비에 물(2$\frac{1}{3}$컵)을 넣고 끓으면 라면과 스프를 넣어 중간 불에서 5분간 끓이고,

2 끓인 라면은 그릇에 담아 차슈, 송송 썬 쪽파, 삶은 달걀을 올려 마무리.

하얀 국물의 라면을 사용할 경우 된장을 약간 넣어주세요.

일품요리

one-dish meal

자취한다고 김치찌개, 계란후라이, 김만 먹어야 하는 건 아니죠?
여러분이 뭘 좋아하실지 몰라 달달한 노오븐 디저트부터 배달음식까지
다양하게 준비해봤어요.

순댓국

분식집에서 포장해 온 순대가 있다면 순댓국을 한번 만들어보세요.
시판 사골국물에 순대만 넣으면 완성이랍니다.

1인분 ☆

필수 재료
사골국물(1팩=350㎖),
순대(6~8조각)

순대 분량은 취향껏 넣어요.

선택 재료
청양고추(1개), 부추(½줌)

양념장
새우젓(약간)

1 청양고추는 송송 썰고,
부추는 손가락 2마디 길이로
자르고,

2 사골국물을 냄비에 넣고 중간
불에서 5분간 끓이고,

3 끓어오르면 순대를 넣어
한 번 더 끓이고,

PART 2 일타이피에 소개된 무깍두기(140p)와 함께 먹으면 더 좋아요.

4 새우젓을 넣어 간하고,
청양고추, 부추를 올려
마무리.

시판용 사골곰탕으로 자취생도 쉽게 몸보신 해봐요.

바비큐폭립

패밀리 레스토랑에서만 즐기던 폭립을 집에서 간단하게 만들어보세요. 등갈비를 구입할 땐 등갈비 안쪽에 있는 흰 막을 제거한 것으로 구매하세요. 막을 제거해야 고기가 질기지 않아요.

Barbecued poru ribs

2인분 ☆ ☆ ☆

필수 재료
돼지등갈비(1대),

등갈비 삶는 재료
마늘(3쪽), 대파(흰 부분, 1대),
생강(1쪽), 월계수잎(2장)

양념장
청주(1) + 시판 바비큐 소스(5)
+ 다진 마늘(1) + 케첩(2) +
물엿(1)

등갈비는 찬물에 2시간 정도 담가 핏물을 빼고 사용해요.

1 냄비에 물(5컵), 핏물을 제거한 등갈비, 마늘, 대파, 생강, 월계수잎을 넣고 1시간 동안 중약 불로 삶고,

2 **양념장**을 만들고,

3 잘 삶은 등갈비에 양념장을 골고루 바르고,

4 180℃로 예열한 오븐에 양념한 등갈비를 넣어 굽고,

마지막 10분은 오븐 온도를 200℃로 올려 구워 색을 노릇하게 하면 더욱 좋아요.

5 10분마다 등갈비를 꺼내 앞뒤로 양념을 한 번씩 발라가며 30~40분간 구워 마무리.

시카고피자

두툼한 피자 속에 모차렐라 치즈가 가득 들어있는 시카고 피자예요. 크기가 작은 틀을 사용하면 컵피자로도 만들 수 있어요. 오븐에서 꺼내 바로 자르면 치즈가 흘러내리기 때문에 잠시 두었다가 5분 후에 자르면 먹기 더 편해요.

4인분 ☆ ☆ ☆

도우 반죽
피자도우믹스(1봉지=180g),
물($\frac{1}{2}$컵)

피자소스
다진 소고기($\frac{1}{2}$컵),
후춧가루(약간),
양송이버섯(6개), 다진
양파($\frac{1}{2}$개 분량), 시판
토마토소스($1\frac{1}{2}$컵)

토핑
모차렐라치즈(4컵)

인원이 많을 경우 피자도우믹스 2봉지를 모두 사용하여 만드는 것이 좋아요.

피자도우믹스로 컵피자를 만들 경우 3개, 시카고 피자는 1개 분량이 나옵니다.

1 피자도우믹스에 미지근한 물($\frac{1}{2}$컵)을 넣어 반죽이 손에 달라붙지 않을 때까지 치댄 후 랩을 씌워 30분간 발효하고,

3 양파가 투명해지면 토마토소스($1\frac{1}{2}$컵)를 넣어 3분간 끓여 **피자소스**를 만들고,

지름 18㎝ 원형틀을 사용했어요.

5 오일을 바른 틀 안에 반죽을 씌우고, 모차렐라치즈를 넣고,

2 팬에 다진 소고기, 후춧가루를 넣어 볶다가 슬라이스한 양송이버섯, 다진 양파를 넣어 양파가 투명해질때까지 중약 불로 볶고,

4 발효시킨 반죽을 밀대로 밀고,

6 피자소스를 올리고 220℃로 예열한 오븐에 20분간 구워 마무리.

225

매운닭갈비

마트 정육 코너에 가니 순살 닭고기를 따로 팔더라고요.
닭다리살을 양념하여 팬에 볶아 닭갈비를 만들면
춘천 부럽지 않은 맛을 느낄 수 있어요.

Spicy Stir-fried Chicken

2인분 ☆ ☆

필수 재료
순살 닭고기(300g),
양배추(3장), 깻잎(5장)

선택 재료
대파(1대), 떡볶이 떡(1컵)

양념
참기름(2)

양념장
설탕(1) + 고춧가루(1) +
간장(2) + 다진 마늘(1) +
다진 청양고추(2개 분량) +
고추장(3) + 물엿(1.5) +
참기름(1)

1 **양념장**을 만들고,

2 닭고기는 한입 크기로 자르고,

3 닭에 양념장을 넣고 버무려 냉장실에 1시간 정도 두어 숙성시키고,

4 양배추, 깻잎, 대파는 한입 크기로 큼직하게 썰고,

5 팬에 참기름(2)을 두르고 양념한 닭고기, 떡, 양배추, 대파를 넣어 중간 불로 볶고,

6 고기가 익으면 깻잎을 넣어 마무리.

프라이드치킨

치킨 가격이 오르다 보니 시켜 먹기 부담스럽더라고요.
그럴 땐 직접 치킨을 만들어보세요.
마트에서 쉽게 구할 수 있는 치킨튀김가루로
간단하게 프라이드치킨을 만들 수 있어요.

Fried chicken

2인분 ☆ ☆ ☆

필수 재료
닭다리(1팩=8개),
치킨튀김가루(2컵)

밑간
소금(0.5), 후춧가루(0.5)

튀김 반죽
물(2컵), 치킨튀김가루(1½컵)

1 준비한 닭에 칼집을 길게 넣어 간이 잘 배도록 하고,

2 칼집 넣은 닭에 소금(0.5), 후춧가루(0.5)를 뿌려 **밑간**하고,

3 그릇에 물(2컵), 치킨튀김가루(1½컵)를 넣고 섞어 **튀김 반죽**을 만들고,

4 닭고기에 튀김 반죽을 묻히고,

5 비닐봉지에 치킨튀김가루(2컵)를 넣고 닭고기를 하나씩 넣고 흔들어 가루를 골고루 묻히고,

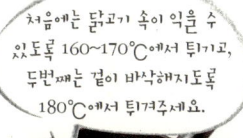

처음에는 닭고기 속이 익을 수 있도록 160~170℃에서 튀기고, 두번째는 겉이 바삭해지도록 180℃에서 튀겨주세요.

6 튀김옷을 입힌 닭고기를 예열한 식용유에 두 번 노릇하게 튀겨 마무리.

오븐치킨

Oven chicken

기름에 튀긴 치킨이 부담된다면, 오븐에 구운 닭은 어떠세요?
오븐에 구워 기름이 빠져 담백하고 맛있어요.

2인분 ☆ ☆

필수 재료
닭(닭볶음탕용, 1마리)

밑간
소금(0.5), 후춧가루(약간)

간장 양념
설탕(1), 간장(5), 물엿(2),
올리브유(1), 마늘(2쪽)

1 양념이 잘 배어들도록 닭에 칼집을 내고,

2 소금(0.5), 후춧가루를 넣어 **밑간**하고,

3 믹서에 설탕(1), 간장(5), 물엿(2) 올리브유(1), 마늘을 넣고 곱게 갈아 **간장 양념**을 만들고,

4 밑간한 닭에 간장 양념을 넣어 버무리고,

달걀은 쿠킹포일에 감싸 같이 구워도 좋아요.

5 지퍼팩에 담아 냉장실에서 3시간 동안 숙성시키고,

중간에 한 번 꺼내 뒤집어주세요.

6 200℃로 예열한 오븐에 넣어 30분간 구워 마무리.

팥빙수

Red bean Sherbet

여름에 빠질 수 없는 디저트 팥빙수!
마트에 가면 쉽게 재료를 구할 수 있는데,
가장 고민이 되는 건 바로 얼음이죠?
지퍼팩만 있다면 손쉽게 빙수 얼음을 만들 수 있어요.

1인분 ☆

필수 재료
우유(1팩=200㎖), 연유(2), 팥(2),

선택 재료
떡(1개)

1 지퍼 팩에 우유를 담아 얼려두고,

2 단단하게 언 우유를 방망이로 으깨 빙수 얼음을 만들고,

3 그릇에 으깬 얼음을 담고,

4 연유, 팥, 떡을 올려 마무리.

우유팩 그대로 냉동실에 얼려 포크로 긁어도 좋아요.

오레오 생크림 컵케이크

스트레스 받을 때 단 걸 먹으면 풀리더라고요.
달달한 쿠키를 우유에 적셔 부드럽게 만들고 생크림과 함께
층층이 쌓아 올리면 처음부터 하나인 듯한 부드러운 케이크 맛이 나요.
간단하니 꼭 만들어보세요!

2인분 ☆ ☆

필수 재료
생크림(1컵), 설탕(2),
초코샌드 과자(2통), 우유(1컵)

1 생크림(1컵)에 설탕(2)을 넣고 거품기로 휘핑하고,

2 초코샌드 과자를 우유에 담가 앞뒤로 충분히 적시고,

3 큰 컵에 우유에 적신 과자를 담고,

4 생크림을 넣고,

냉장실에서 2시간 정도 숙성시킨 후 드세요.

5 과자와 생크림을 번갈아 담아 마무리.

노오븐케이크

주변에서 쉽게 구할 수 있는 핫케이크가루를 이용한 노오븐 케이크예요.
빵집에서 파는 제누와즈 또는 카스텔라를 대신 사용해도 멋진 케이크를
만들 수 있어요.

No Oven Cake

4인분 ☆ ☆ ☆

필수 재료
핫케이크가루(2½컵), 달걀(1개), 우유(1컵), 과일(청포도=1송이, 블루베리=5알)

> 계절에 따라 청포도, 딸기 등의 과일을 사용해요.

생크림
생크림(3컵), 설탕(5), 연유(4)

시럽
설탕(½컵), 물(1컵)

1 볼에 핫케이크가루, 달걀, 우유를 넣어 고루 섞고,

> 케이크용 핫케이크는 두툼한 게 맛있어요.

2 달군 팬에 반죽을 부어 핫케이크 3장을 두툼하게 만들고 같은 크기로 잘라주고,

3 냄비에 **시럽** 재료를 끓여 식혀두고,

> 시럽이 케이크를 더욱 촉촉하게 만들어 줍니다. 연유를 넣으면 우유맛이 나서 맛있어요.

4 볼에 생크림(3컵), 설탕(5)을 넣고 거품기로 휘저어 휘핑한 뒤 연유(4)를 넣어 섞고,

> 돌림판이 없다면, 전자레인지 안에 있는 돌림판을 사용해도 좋아요.

5 완전히 식은 핫케이크 위에 시럽을 바르고, 생크림, 자른 과일을 올린 뒤 다시 팬케이크를 올려 층층이 쌓고,

6 남은 생크림을 겉에 바르고 과일과 생크림으로 장식하여 마무리.

오렌지젤리

주변에서 쉽게 구할 수 있는 주스로 젤리를 만들 수 있어요.
오렌지주스뿐 아니라 다른 음료도 가능하답니다.

Orange Jelly

4인분 4컵 분량 ☆

필수 재료
판젤라틴(8장), 오렌지주스(4컵), 설탕(4)

선택 재료
오렌지(1개)

1 판젤라틴을 찬물에 넣어 5분간 불리고,

2 냄비에 오렌지주스(4컵), 설탕(4)을 넣고 가장자리가 끓을 때까지만 약한 불로 데우고,

3 냄비에 불린 젤라틴을 넣어 잘 섞고,

4 오렌지는 과육만 잘라내 젤리 그릇에 나눠담고,

5 젤라틴을 넣은 주스를 그릇에 부은 뒤 냉장실에 넣고 완전히 굳혀 마무리.

맥앤치즈

3가지 치즈를 이용해 만든 맥앤치즈예요.
맥앤치즈의 농도는 우유의 양에 따라 달라지니,
우유로 조금씩 추가해가며 원하는 농도를 맞춰보세요.

Macaroni and cheese

2인분 ☆ ☆

필수 재료
마카로니(1컵), 버터(1),
밀가루(1), 우유(1½ 컵),
모차렐라치즈(½ 컵+약간),
체다치즈(½ 컵),
파르메산치즈(½ 컵)

양념
소금(1), 후춧가루(약간),
빵가루(약간), 파슬리(약간)

1 끓는물(4컵)에 소금(1), 마카로니를 넣고 8분간 중간 불에 삶아 건지고,

2 달군 팬에 버터(1)를 넣어 약한 불에서 녹이고,

3 밀가루(1)를 넣고 2분간 볶고 우유를 조금씩 넣어가며 덩어리지지 않게 잘 섞고,

4 3가지 치즈를 넣어 녹이고,

5 삶은 마카로니를 넣고 고루 섞은 뒤 소금(1), 후춧가루를 넣어 간하고,

오븐이 없다면 생략해도 됩니다.

6 오븐용 그릇에 맥앤치즈를 담고 빵가루, 파슬리, 모차렐라치즈(약간)를 뿌려 220℃로 예열한 오븐에서 10분간 구워 마무리.

누텔라밀크셰이크

가끔 미치도록 달달한 게 생각날 때가 있죠?
그럴 때 강력 추천해요.

Nutela Milk Shake

1인분 ☆

필수 재료
누텔라(2),
바닐라 아이스크림(2스쿱),
우유($\frac{2}{3}$컵), 얼음(1컵)

선택 재료
초콜릿시럽(약간),
휘핑크림($\frac{1}{2}$컵)

1 믹서에 누텔라, 바닐라 아이스크림, 우유, 얼음을 넣어 갈고,

2 갈아둔 셰이크는 컵에 담고,

3 초콜릿시럽, 휘핑크림으로 장식해 마무리.

마약옥수수

마트, 편의점에서 쉽게 구할 수 있는
찐 옥수수를 사용해서 만들어 봤어요.
고소하면서 짭조름한 게 간식으로 딱 좋아요.

Delicious baked corn

2인분 ☆

필수 재료
찐옥수수(2개), 마요네즈(4),
버터(2), 파르메산 치즈가루(2)

시판용 옥수수로 쉽게 만들 수 있어요.

찐옥수수는 적당한 크기로 잘라 사용하세요.

1 찐옥수수에 나무젓가락을 꽂고,

2 겉면에 마요네즈(4)를 충분히 바르고,

3 달군 팬에 버터(2)를 녹이고, 옥수수를 올려 겉면이 노릇해지도록 중약 불로 돌려가며 굽고,

4 구운 옥수수에 파르메산 치즈가루(2)를 뿌려 마무리.

취향에 따라 다양한 시즈닝을 뿌려 즐길 수 있어요.

245

INDEX

ㄱ
- 가래떡당고 · 074
- 간장떡볶이 · 077
- 감자달걀샐러드 · 032
- 감자버터구이 · 026
- 감자볶음 · 028
- 감자오믈렛 · 030
- 감자채전 · 025
- 감자튀김 · 027
- 고구마라테 · 039
- 고구마맛탕 · 037
- 고구마칩 · 038
- 고구마크로켓 · 036
- 고기감자조림 · 031
- 구운식빵&스크램블 · 102
- 구운채소샌드위치 · 184
- 구운채소라자냐 · 185
- 굴소스볶음밥 · 196
- 그릴샌드위치 · 099
- 김치무침 · 043
- 김치볶음밥 · 042
- 김치찌개 · 044
- 김치치즈알밥 · 121

ㄴ
- 날개달린군만두 · 086
- 냉라면(비빔면) · 080
- 냉모밀 · 133
- 노오븐케이크 · 236
- 누텔라밀크셰이크 · 242

ㄷ
- 달걀국 · 053
- 달걀말이(일식_사각 팬) · 048
- 달걀말이(한식_원형 팬) · 049
- 달걀베이컨크레이프 · 054
- 달걀빵 · 055
- 달걀찜 · 052
- 달걀햄샌드위치 · 098
- 닭가슴살냉채 · 062
- 닭가슴살덮밥 · 061
- 닭가슴살샌드위치 · 063
- 닭가슴살스테이크 · 060
- 닭가슴살카레 · 058
- 닭개장 · 059
- 두부강된장 · 069
- 두부김치 · 045
- 돼지고기덮밥 · 136
- 돼지고기냉샐러드 · 137

ㄹ
- 라볶이 · 082
- 리코타치즈카나페 · 152
- 리코타치즈오픈샌드위치 · 153

ㅁ
- 마약옥수수 · 244
- 마파두부 · 066
- 만두탕수 · 089
- 만둣국 · 088
- 매운닭갈비 · 226
- 맥앤치즈 · 240
- 메밀비빔국수 · 132
- 무깍두기 · 140
- 미니양배추베이컨볶음 · 165
- 미역국 · 193
- 미역냉국 · 192
- 미역무침 · 193
- 미트볼스파게티 · 168
- 미트볼핫도그 · 169

ㅂ
- 바나나땅콩버터오픈샌드위치 · 100
- 바지락수제비 · 173
- 밥버거 · 125
- 베이컨달걀컵 · 164
- 볶음우동 · 095
- 부대라면 · 081
- 비비큐폭립 · 222

사과절임토스트 · 188
사과주스&그린스무디 · 189
순댓국 · 220
순두부그라탱 · 070
순두부찌개 · 071
시래기된장국 · 148
시래기솥밥 · 149
시카고피자 · 224
식빵크루통 · 181
식빵푸딩 · 101

ㅇ

양배추생채 · 201
양파컵수프 · 176
양파초절임 · 177
어묵뭇국 · 141
어묵굴소스볶음 · 197
에그베네딕트 · 050
– 홀랜다이즈 소스
– 수란
연근칩 · 205
연두부샐러드 · 068
연근조림 · 204
연근치즈구이 · 205
연어덮밥 · 156

연어스테이크 · 157
오레오생크림컵케이크 · 234
오렌지젤리 · 238
오븐치킨 · 230
오징어덮밥 · 144
오징어국 · 145
옥수수수프 · 180
인절미샌드위치 · 076

ㅈ

잔치국수 · 092
주먹밥 · 124
주키니사과리본샐러드 · 209
주키니피자 · 208
쫀득감자전 · 024
쫄면 · 094

ㅊ

차슈덮밥 · 216
차슈라면 · 217
참치비빔밥 · 108
참치샌드위치 · 106
참치샐러드(큐브참치) · 107
참치죽 · 109
찹스테이크 · 161
치즈밥 · 120

ㅋ

카레우동 · 213
카르보나라 · 093
콘치즈 · 181
콩나물국 · 128
콩나물비빔밥 · 129

ㅌ

토마토두부카프레제 · 115
토마토마리네이드 · 112
토마토버섯카레 · 212
토마토부르스케타 · 114
토마토주스 · 113
통감자구이 · 029
통양배추고기찜 · 200
튀김두부 · 067

ㅍ

파라면(나가사키) · 083
팥빙수 · 232
팬스테이크비빔밥 · 160
프라이드치킨 · 228

해물토마토빠에야 · 172

DELICIOUS
TABLE